L'ANTHROPOLOGIE

CRIMINELLE

ET SES RÉCENTS PROGRÈS

L'ANTHROPOLOGIE

CRIMINELLE

ET SES RÉCENTS PROGRÈS

PAR

CESARE LOMBROSO

Professeur de Psychiatrie et de Médecine légale
à l'Université de Turin.

Avec 10 figures dans le texte.

PARIS

ANCIENNE LIBRAIRIE GERMER BAILLIÈRE ET Cie

FÉLIX ALCAN, ÉDITEUR

108, BOULEVARD SAINT-GERMAIN

1890

PRÉFACE

I

La marche rapide, presque précipitée, de l'*Anthropologie criminelle* empêche bien des savants d'attendre paisiblement les nouvelles publications, toujours très documentées et très volumineuses, qui ne peuvent paraître que lentement. D'autre part, il n'est pas toujours facile de puiser dans les revues spéciales (*Archivio de Psichiatria e Scienze penali, Revue philosophique, Revue de Mirjewsky, de Kowalesky*) qui nous donnent le compte rendu de ces publications, aussitôt qu'elles paraissent. C'est pour cela que je crois utile d'en publier moi-même aujourd'hui un résumé.

Mais je veux auparavant répondre aux nombreuses critiques qu'a soulevées l'étude de cette nouvelle branche de la science, critique qui, à elles seules, en marquent l'importance.

M. Topinard me dénie le droit d'affirmer l'existence d'un type criminel, parce que moi-même je conviens que ce type manque complètement dans 60 p. 100 des observations.

Il n'y a pas de doute que si l'acceptation de l'idée d'un type est liée à sa complète universalité, on ne peut l'accepter. Mais j'avais déjà écrit, dans mes premiers ouvrages, qu'il faut accueillir cette idée avec la même réserve que celle qu'on met à apprécier les moyennes dans la statistique. Quand on dit que la vie moyenne est de trente-deux ans, et que le mois le plus fatal à la vie est le mois de décembre, personne n'entend par là que tous, ou presque tous les hommes, doivent mourir à trente-deux ans, ni au mois de décembre.

Et je ne suis pas le seul à faire cette restriction ; pour le démontrer je n'ai qu'à citer littéralement les définitions qu'en donne, dans son remarquable ouvrage [1], M. Topinard, le plus acharné de mes adversaires.

« Le type, dit Gratiolet, est une « impression synthétique ». Le type, dit Gœthe, est « l'image abstraite et générale », que nous déduisons de l'observation des parties communes et des différences. « Le type d'une espèce, ajoute Isidore G.

______

(1) Topinard. *Eléments d'anthropologie générale*, p. 191 et suiv. Paris, 1885.

Saint-Hilaire, ne se montre jamais à nos yeux, il n'apparaît qu'à notre esprit. » « Les types humains, écrit Broca, n'ont pas une existence réelle ; ce sont des conceptions abstraites, idéales, qui ressortent de la comparaison des variétés ethniques et se composent de l'ensemble des caractères communs à un certain nombre d'entre elles. »

« Nous acquiesçons pleinement à ces manières de voir : le type est bien un ensemble de traits, mais par rapport au groupe qu'il caractérise, c'est aussi l'ensemble de ses traits *les plus accusés et se répétant le plus souvent.* D'où une série de conséquences que l'anthropologiste, dans son laboratoire aussi bien qu'au milieu des populations de l'Afrique centrale, ne doit jamais perdre de vue.

« Le type, dit merveilleusement Isidore-G. Saint-Hilaire, est une sorte de point fixe et de centre commun autour duquel les différences présentées sont comme autant de déviations en sens divers, et d'oscillations presque indéfiniment variées ; autour duquel la nature semble *se jouer,* comme disaient autrefois les anatomistes, et comme on dit encore dans les langues germaniques. »

« Un exemple semble inutile après une peinture si parfaite. Prenons cependant une série de crânes, une centaine, dans de bonnes conditions d'homogénéité, tels, par exemple, que la première série d'Auvergnats, étudiée par Broca, qui provenait d'un ancien *cimetière* de montagne, dans une localité écartée, en nous rappelant une fois pour toutes que les crânes représentent des individus avec cet avantage qu'on peut les manier à volonté, les mesurer et en disposer à son aise.

« Au premier coup d'œil, ce qui frappe, ce sont leurs différences ; il n'y en a pas deux d'absolument semblables ; après des efforts réitérés il faut se résigner : par un point ou par un autre tous différent. Cependant, à quelques exceptions près tout à fait rebelles, ils ont un air de famille qui les rapproche entre eux, et d'autre part les éloigne par exemple d'une série de cent Basques à côté, et à plus forte raison d'une série de cent néo-Calédoniens plus loin. Cet air de famille est même très prononcé chez certains. Si, procédant à l'analyse des caractères et les mesurant pour mieux s'en rendre compte, on y regarde de plus près, on remarque qu'il y en a de plus ou moins brachycéphales, de plus ou moins orthognathes, de plus ou moins mésorrhiniens, etc. Prenant alors les chiffres qui, dans chaque crâne, sont l'expression numérique du degré de ces caractères et les disposant en séries, suivant une méthode que nous décrirons plus tard, on voit qu'un certain degré de l'indice céphalique, par exemple, se répète un plus grand nombre de fois, et que les degrés au-dessus et au-dessous vont en diminuant de fréquence. De même pour le prognathisme, la mésorrhinie, et ainsi de suite de vingt caractères. Le crâne qui présenterait réunis les degrés de chaque caractère se répétant le plus, exprimerait donc au maximum l'ensemble des caractères communs de la série; il résumerait « l'air de famille » cherché et en réaliserait le type parfait. Mais ce crâne idéal n'existe pas, la série serait de mille, qu'il ne se rencontrerait peut-être pas davantage.....

« Par la mensuration des caractères craniens et l'opération qui en donne les moyennes, Broca obtenait ce qu'il appelait le *crâne moyen* de la série. Mais ce crâne possédant exactement toutes les dimensions moyennes obtenues ou au moins tous les rapports moyens, et reproduisant la forme moyenne, sinon le volume moyen, est un artifice; il ne répond rigoureusement ni au crâne idéal déterminé par le procédé de la sériation de tout à l'heure, ni à un crâne réel quelconque de la série. Un hasard seul peut donner le crâne moyen ou le crâne typique.

« Le type d'une série de crânes ou d'individus n'est donc pas une réalité palpable, mais le produit d'un travail, un désir, une espérance, une image abstraite et générale, suivant l'expression de Gœthe. Le résultat serait le même, si, au lieu de procéder mathématiquement, par une série de mensurations, on eût procédé par les sens et par une suite de tâtonnements, en conservant le souvenir de la physionomie de chaque crâne ; rejetant les traits exceptionnels, exaltant ceux qui se répètent le plus et contrastent davantage avec ceux des autres groupes, et créant dans son esprit une résultante typique, une quintessence de caractères.

« Le type d'une espèce, d'une race, d'un peuple, d'une série de crânes, autrement dit d'un groupe quelconque, est donc l'ensemble des caractères les mieux accusés, les plus constants au degré voulu et les plus frappants par rapport à ceux d'autres groupes.

« Il va sans dire que ces caractères ne pèsent pas de même dans la balance, qu'il y en aura de légers et de décisifs et, pour me servir du véritable mot, de caractéristiques. Il va sans dire aussi que parfois aucun, pris isolément, n'aura une grande signification, et que leur portée résultera de leur nombre. Il y a ainsi des types bons, mauvais et indifférents, des types certains et des types douteux. Une question se pose donc : à quel nombre minimum de caractères utiles un type peut-il se réduire? Elle se pose et ne se résout pas. C'est au jugement de chacun et à la rigueur qu'exige le cas particulier à en décider. Dans la pratique, deux ou trois bons caractères physiques réunis sont souvent une bonne fortune, et l'on s'en contente, lorsqu'ils sont appuyés de considérations et surtout de caractères physiologiques, historiques, etc. »

C'est donc bien M. Topinard lui-même qui nous donne ici raison.

Mais il ne veut cependant pas nous entendre parler d'atavisme chez les criminels, parce que il n'y a pas, selon lui, de continuité entre les hommes et les animaux. Il me serait très facile, ici, de répondre en citant seulement les noms de Darwin, de Lamark, de Wallace et même de Buffon, qui nous ont démontré la continuité de l'échelle des êtres organiques, continuité dont les découvertes paléontologiques les plus récentes comblent chaque jour les lacunes ; toutefois il n'en est pas besoin, car même si cette chaîne faisait défaut en zoologie, elle existerait dans l'embryologie humaine.

Le plus étrange, c'est que bien des gens, tout en admettant l'atavisme des criminels, trouvent que justement pour cela, il n'est pas possible d'admettre son influence pathologique. M. Manouvrier, aucontraire, tout en acceptant l'influence pathologique (ce qui explique l'asymétrie du visage, l'enchevêtrement des dents des criminels), y puise un prétexte pour nier l'atavisme. Mais est-ce que ce n'est pas le cas de bien des maladies mentales (la microcéphalie, par exemple), de montrer réunis, tout à fait enchevêtrés et presque fondus ensemble, la pathologie et l'atavisme ? Et comment peut-on concevoir des phénomènes atavistiques dans l'homme sans faire intervenir la pathologie fœtale ?

II

Rappelons-nous ici que, pour toutes ces découvertes, comme du reste pour tout ce qui est vraiment nouveau dans le champ expérimental, rien ne fait plus de tort que la logique, que le gros bon sens, le plus grand ennemi des grandes vérités. C'est que dans ces études initiales il faut travailler bien plus avec le télescope qu'avec la *loupe*.

Avec la loupe, avec les syllogismes et la logique, on vous prouvera que c'est le soleil qui se meut et que la terre est immobile. Ce sont les astronomes qui doivent se tromper!

M. Manouvrier nous a dit en effet, avec une logique très serrée (*Actes du congrès d'Anthropologie criminelle, Paris, 1890*), qu'il ne fallait pas comparer les criminels aux soldats, parceque ceux-ci sont déjà passés par une sélection; mais il oublie que nous avons comparé les criminels aux étudiants et aux gens du monde, que Marro les a comparés aux ouvriers de la ville de Turin et que Mme Tarnowsckyi a mis en parallèle les femmes criminelles avec les villageoises et les dames russes.

Il nous a dit qu'il fallait faire notre comparaison avec les hommes vertueux; mais nous pourrions répondre que la vertu, dans ce monde, est déjà une grande anomalie. Je n'aurais qu'à citer Charcot, Le Grand du Saulle et (s'il est permis de me joindre à eux) moi-même, dans l'*Homme de Génie* (page 180), pour prouver que la sainteté, qui est bien la vertu la plus complète, n'est bien souvent que de l'hystérie, et même, que de la folie morale.

Vous voyez qu'à force de logique nous nous trouvons comme *le père, le fils et l'âne* de la fable, dans l'impossibilité de faire aucun choix, et d'avancer d'un seul pas.

M. Manouvrier nous accuse de n'avoir exhibé que quelques criminels monstrueux « qui ne prouvent pas que les criminels soient des monstres anatomiques ».

Vraiment je ne m'attendais pas à un tel reproche de la part d'un anatomiste aussi distingué que M. Manouvrier. Comme dans le monde, il n'y a pas d'accidents, de même il n'y a pas de monstres dans la nature ; et tous les phénomènes sont l'effet d'une loi, les monstres peut-être plus que les autres, car, bien souvent ils ne sont que l'effet de ces mêmes lois exagérées.

Mais ces reproches d'ailleurs tombent lorsqu'on passe à la seconde critique selon laquelle « j'ai rassemblé trop d'exemples et sans les avoir choisis ».

Dans ce reproche il y a pourtant du vrai ; il est certain qu'en progressant, nous avons vu qu'il n'y a pas un seul type de criminel mais plusieurs types spéciaux de voleur, d'escroc, de meurtrier, bien évidents, et que les femmes criminelles ont un minimum d'anomalies dégénératives presque autant que les femmes honnêtes.

Et il est encore vrai que j'ai réuni (en étudiant les crânes et les cerveaux) les observations de plusieurs savants qui n'étaient pas d'accord entre elles. Mais ces différences s'expliquaient très bien parce que chaque observateur s'arrêtait avec prédilection sur quelques anomalies, et négligeait les autres. Et c'est seulement après que Corre a appelé l'attention sur l'asymétrie, Albrecht sur l'appendice lemurien de la mâchoire, et que moi-même j'ai signalé la fossette occipitale moyenne, que l'attention des anthropologistes a été portée sur ces anomalies et qu'on les a observées dans les criminels ; c'est toujours l'analyse qui précéde la synthèse ; or, on aurait bien pu m'accuser de mauvaise foi si j'avais oublié tous mes devanciers.

M. Manouvrier oublie à son tour que, tout en ne négligeant pas les résultats des autres observateurs, j'ai tenu compte spécialement de cent soixante-dix-sept crânes de criminels que j'avais étudiés moi-même et dont je reportais tous les détails chiffrés dans la première édition italienne de mon *Homme criminel*. Et c'est bien à ces crânes (p. 168 de mon livre) que je donnais le plus d'importance. Pour me mettre d'ailleurs à l'abri de tous ces reproches, j'ai appliqué dans ces dernières années la photographie galtonnienne à l'étude du type criminel, et le témoignage irrécusable du soleil m'a soutenu bien mieux que celui des hommes. On reconnaît ainsi que vraiment il y a des types criminels se subdivisant en sous-genres : escrocs, voleurs et meurtriers. Dans ce dernier tous les caractères s'accumulent, tandis que dans les autres ils sont moins évidents. On y reconnaît d'une façon évidente les caractères anatomiques du criminel et spécialement les sinus frontaux très apparents, zygomes et mâchoires très volumineux, orbites très grands et très éloignés, asymétrie du visage, type ptéléiforme de l'ouverture nasale, appendice lémurien des mâchoires.

Si vous comparez ces résultats à ceux de la table statistique qui est l'origine de cette critique vous trouverez que malgré les contradictions apparentes qui semblent y foisonner, les proportions des anomalies s'accordent tout à fait

Ainsi ils nous donnent pour les sinus frontaux 52 p. 100, pour l'asymétrie 13 p. 100, pour le front fuyant 28 p. 100. Voilà pour l'examen des crânes seulement.

Mais M. Manouvrier ignore aussi que, pour les vivants, nos études, bien loin d'être bornées à quelques *monstres* s'appliquent déjà à 26,886 criminels comparés à 25,447 normaux.

Et il n'est pas exact qu'on n'ait pas étudié le type particulier de chaque espèce de criminels. Je ne l'ai fait, il est vrai, qu'en passant; mais Ferri le premier, puis Ottolenghi, Frigerio et surtout Marro, et en Russie Mme Tarnowscky, l'ont fait avec une abondance de détails, qui est vraiment merveilleuse.

Il était naturel que, dans les premiers travaux, on n'eût en vue que l'ensemble des lignes et qu'après seulement on ait étudié les sous-différences de chaque espèce. Il en est ainsi dans toute création : on passe toujours du simple au composé, de l'homogène à l'hétérogène.

Ces oppositions proviennent en grande partie, de ce que beaucoup des opposants ne connaissent pas les publications faites en langue étrangère. Ils s'en tiennent par exemple à mon *Homme criminel* qui n'est que la première partie d'un ouvrage déjà arriéré, tandis que beaucoup d'autres travaux, et de bien plus savants, ont été publiés depuis, sur le même sujet.

III

M. le professeur Magnan, que j'admire comme un des plus grands aliénistes de l'Europe, comme le Charcot de l'alcoolisme, combat mon avis que, dans l'enfance, il y ait une prédisposition naturelle au crime. Il commence pour cela par nous donner deux ou trois pages de M. Meynert sur les sensations de l'enfant nouveau-né.

Vraiment ces citations sont inutiles; car ce n'est pas dans les premiers jours de la vie que j'ai étudié l'enfant, pour montrer ses penchants criminels. Il est alors dans un état végétatif, qu'on pourrait, au plus, comparer à celui de zoophites; et il va sans dire qu'alors il n'a point d'analogies avec les criminels. Après s'être appesanti sur une comparaison qui n'a rien à faire ici, M. Magnan glisse ensuite seulement deux mots sur l'autre période qui, seule, aurait dû l'arrêter.

« *L'enfant*, dit-il, *de la vie végétative passe à la vie instinctive.* » Je le prierai de développer un peu les idées qu'il résume dans ces deux lignes, et il trouvera la clef de l'énigme; il trouvera, avec Perez, chez l'enfant, la précocité de la colère qui l'amène jusqu'à battre les personnes, à briser tout, semblable au sauvage qui entre en fureur quand il tue le bison.

Il entendra Moreau dire que bien des enfants ne peuvent attendre un instant ce qu'ils vous ont demandé, sans entrer dans une colère extraordinaire : il en trouvera de jaloux au point de présenter un *couteau* à leurs parents, *pour qu'ils tuent leurs rivaux ;* il trouvera les enfants *menteurs* sur lesquels Bourdin a écrit un ouvrage remarquable; il trouvera, chez tous une affection qui dure quelques moments et s'évanouit tout de suite : il trouvera, comme La Fontaine, que cet *âge est sans pitié*. Il trouvera avec Broussais qu'ils se plaisent tous à blesser les animaux, à tourmenter les faibles ; il trouvera chez eux, tout comme chez les criminels, la paresse la plus complète qui n'exclut pas l'activité lorsqu'il s'agit de leur plaisir ou de leurs jeux, et la vanité qui les rend fiers de leurs bottines, de leurs chapeaux neufs, de leur moindre supériorité.

C'était là qu'il fallait que M. Magnan me trouvât en défaut, ou qu'il trouvât en défaut, plutôt que moi, MM. Perez, Moreau, Bourdin, Broussais, et Spencer et Taine, qui ont dit tout cela bien avant moi. Et alors il n'aurait pas dit : *que l'impulsion cruelle, les sévices envers les animaux ne se rencontrent que dans les enfants complètement malades, déséquilibrés.*

Naturellement, chez les enfants dégénérés, tarés par l'hérédité, ces penchants continuent toute la vie et ils éclatent aux premières occasions, et bien avant la puberté ; car les occasions de faire le mal ne manquent jamais, pas même à cet âge. Mon contradicteur conviendra bien que dans ces cas l'éducation n'y peut rien ; l'éducation leur donnera au plus un faux vernis (et c'est là la source de toutes nos illusions). Au contraire, chez les jeunes gens honnêtes, elle est très efficace, en aidant leur métamorphose — leur passage à l'état physio-logique, à ce qu'on pourrait appeler leur puberté éthique — qui au contraire ne se manifesterait pas, si une mauvaise éducation les en empêchait. C'est le cas des grenouilles et des tritons qui n'accomplissent plus dans les milieux très froids leurs transformations dernières, et restent des poissons.

Mais peut-être M. Magnan l'admet-il lui-même, lorsqu'il dit qu'on ne doit pas appeler cela *une prédisposition naturelle aux actes délictueux*, mais bien une tare pathologique, une dégénérescence qui porte le trouble dans les fonctions céré-brales.

Seulement, je le prie de me permettre ici une juste remarque.

Si c'était un juriste de la vieille école méta-physique qui parlât ainsi, je comprendrais très bien ces distinctions subtiles, ces jeux de mots byzantins. Je ne les comprends pas chez un médecin aussi distingué que lui.

Il ne saisit pas que c'est justement dans cette tare qui rend durables, qui perpétue ces penchants embryonnaires vers le crime, que réside la nature tératologique et morbide du criminel-né, tandis que lorsque cette tare pa-thologique, héréditaire, n'existe pas, les penchants criminels embryonnaires s'atrophient comme s'atrophient dans un corps bien fait les organes embryonnaires, le thymus, par exemple. M. Magnan, après avoir nié les criminels-nés, nous en présente lui-même une série de cas; je ne crois pas qu'il le fasse pour se trouver lui-même en défaut; certainement si c'est pour nous montrer que ce sont des héréditaires, des fils d'alcooliques, il ne fait que répéter ce que j'ai déjà affirmé dans mon édition italienne, et ce qu'ont dit avant moi, et mieux que moi, Saury, Knecht, Jacoby, Motet, et le premier de tous, notre maître à tous, Morel.

Et comme j'ai autant d'estime pour son talent que pour son caractère, je le prie de nous avouer si ces dégénérés sans tare physique n'ont pas été choisis avec une vraie sélection au milieu de centaines d'autres [1] qui étaient tarés et qu'il ne nous a pas présentés. Moi pourtant, je n'ai point opéré une pareille sélection, j'ai offert au public 400 criminels d'un album criminel germanique, sans aucun choix.

---

(1) A l'examen somatique de ces dégénérés on a, d'accord avec l'illustre clinicien de Sainte-Anne, trouvé beaucoup de ces caractères, quoique en moins grand nombre que chez les criminels. On a trouvé l'appendice lémurien dans un voleur, les incisives latérales et la mâchoire hypertrophiées dans un nymphomane, dans tous l'obtusité du tact, etc.

Il nous affirme encore que nos caractères ne suffisent pour les magistrats, lesquels ne les acceptent pas. Certainement, lorsque des médecins aussi clairvoyants que lui arrivent à nier les faits les plus évidents et à mettre en doute ceux même qu'ils avaient découverts, certainement on ne peut pas avoir la prétention d'entraîner la conviction de magistrats qui auront une raison de plus pour se méfier de nous. Mais alors la faute en est à nous seuls.

D'ailleurs, ce n'est pas pour les applications judiciaires que nous étudions ; les savants font de la science pour la science, et non pour des applications qui ne pourraient faire leur chemin tout de suite.

Car qui ne voit pas qu'une diagnose physique aura toujours une chance plus sûre de faire son chemin, d'être plus exacte que la psychologique, qui peut être atteinte de tous les côtés par la simulation ?

M. Magnan qui, ainsi que beaucoup de savants, est trop occupé de ses propres recherches pour admettre et connaître toutes celles des autres, aurait dû savoir cependant que ce ne sont pas seulement les caractères physiognomiques (qui, bien des fois, peuvent manquer), mais les biologiques et les fonctionnels que nous apprécions.

Ces caractères-là ne font presque jamais défaut chez le vrai criminel : par exemple, la gaucherie, les anomalies des réflexes, et de la sensibilité spécifique sont des caractères qui ont, bien souvent, rempli les vides laissés par la physionomie et la craniométrie.

Peut-il affirmer que ces anomalies fonctionnelles manquent aussi chez les dégénérés ?

On nous reproche de ne pas nous occuper suffisamment de l'influence des milieux physiques et moraux. Relativement aux premiers, la critique n'est pas fondée ; peut-être même pourrait-on nous accuser du contraire, car nous avons publié un gros volume, *Pensées et météores*[1] qui ne traite que des influences physiques. Pour ce qui regarde les milieux moraux, j'accepte le reproche ; mais ma justification est facile : c'est justement parce que nos adversaires s'occupent trop de ces questions, et parce que les anciens écrivains leur ont donné trop d'importance et les ont éclairées par tous les côtés, que nous ne croyons pas devoir nous en charger : on n'écrit pas des ouvrages pour démontrer que le soleil nous éclaire.

MM. Tarde et Colajanni nient les rapports entre organes et fonctions, ce qui *a priori* ôterait

____

(1) Milan, 1888.

toute importance à l'anthropologie criminelle.

« Le rapport entre l'organe et la fonction, écrit Colajanni, est fort incertain. On ne saurait conclure avec certitude de l'existence de l'organe à celle de la fonction : il y a des organes sans fonctions actuelles » (p. 160). Mais cette affirmation, lui répond très bien Sergi (*Revue internationale*, 1889, p. 513) est tout simplement une énormité ! Que font ces organes sans fonctions dans l'organisme humain ? Seraient-ils par hasard des organes de réserve, devant se substituer à ceux que l'usage aurait détruits, comme les vêtements neufs remplacent de vieilles hardes ? Et si, selon lui, la fonction engendre l'organe (p. 160), comment naîtrait l'organe privé de fonction ?

Et s'il est bien vrai que les organes se renforcent, et s'hypertrophient en fonctionnant, il n'est pas moins vrai (et c'est ce qu'oublient Tarde et Colajanni) que, pour qu'ils fonctionnent, il faut qu'ils soient prêts. Les mollets des danseuses (nous disait très spirituellement M. Brouardel[1]) grossissent sans doute en dansant, mais pour cela il faut avant tout... un mollet.

Mais là où Colajanni essaye de nous accabler, sans espérance de relèvement, c'est quand il veut prouver que nous sommes en contradiction avec

____

(1) *Actes du Congrès d'anthropologie criminelle*, 1890.

nous-même. Non seulement il est aisé de découvrir des contradictions chez le même écrivain, en prenant deux affirmations détachées d'un de ses livres, mais rien n'est plus facile, spécialement dans notre cas, que de trouver en défaut différents observateurs [1]. Les groupes d'individus observés étant différents, les résultats ne peuvent être identiques ; et cela est connu de tous ceux qui s'occupent d'observations anthropologiques. Si je mesure cent crânes auvergnats, par exemple, je trouverai tel chiffre et telle quantité ; si j'en mesure cent autres, je trouverai dans plusieurs éléments mesurés et calculés des chiffres et des quantités différents, en grande partie du moins. Pourquoi n'en serait-il pas de même dans les observations sur la capacité du crâne, les poids du cerveau, le poids du corps, la stature, les signes de dégénérescence des criminels des différents pays, des différentes nations et aussi du même pays? Mais l'habileté de l'observateur consiste à trouver dans la diversité l'homogénéité, et il n'y a que l'observateur superficiel ou l'adversaire de bonne ou de mauvaise foi qui puisse trouver là l'incohérence et la contradiction [1].

Féré (*Dégénérescence et criminalité*, 1888) aussi

---

(1) Sergi. L'anthropologie criminelle et ses critiques. *Revue internationale*, 25 novembre 1889.

nie ma conclusion « que les germes de la folie morale et du crime se rencontrent d'une façon normale dans les premières années de l'homme, comme dans l'embryon se rencontrent constamment certaines formes qui, dans un adulte, sont des monstruosités ». Et cela parce que, selon lui, l'humanité n'a été constituée que par des individus ayant les penchants antisociaux des enfants. Il ne songeait pas, en écrivant ces mots, aux sauvages. Mais peut-être qu'ici nous ne nous comprenons pas. Lorsque Preyer démontre qu'on trouve dans le discours des enfants la lagorrée, la disphasie l'écolalie, la bradiphrasie, la paraphrasie, l'acatafasie des fous, des idiots, il ne veut pas dire que les fous et les idiots soient des enfants, et vice versa ; mais il nous signale le point de repère atavistique de ces anomalies ; il nous montre que ces phénomènes étranges, anormaux dans les fous, sont normaux à un certain âge de l'homme et il explique ainsi par l'embryologie la tératologie.

Il n'est pas juste d'affirmer que la dégénérescence du criminel exclue l'existence d'un type, car chaque dégénérescence (crétin, scrofuleux) a son type spécial.

M. Liszt[1], tout en adoptant comme nous allons

_____

(1) *Zeitschr. f. Strafrecht*, 1889.

le voir, nos conclusions pratiques, écrit qu'il ne peut pas accepter nos théories; il dit qu'il n'y croit pas, parce que bien des personnes les critiquent et les combattent.

Mais c'est la destinée de tous ceux qui osent tracer de nouveaux sillons dans le monde scientifique, de choquer les sentiments du public, tandis que les éclectiques doucereux, qui, pareils aux éponges, absorbent tout et ne renient rien ou presque rien, laissent chacun satisfait de lui-même, ne trouvent personne qui les combatte, quittes à en être oubliés tout de suite.

Torino, 29 novembre 1889.

C. LOMBROSO.

L'ANTHROPOLOGIE CRIMINELLE

ET SES PROGRÈS RÉCENTS

CHAPITRE PREMIER

ANOMALIES MORPHOLOGIQUES [1]

S'il est vrai qu'une grande fécondité est la preuve d'une bonne santé, je crois que l'école d'anthropologie criminelle n'a besoin d'aucun autre témoignage pour démontrer qu'elle est bien vivante et qu'elle se porte très bien ; quoique quelques gens prétendent qu'elle soit mort-née ; et quoique, en mauvais chrétiens, ils n'aient garde de lui refuser même le baptême et le nom qu'on donne pourtant toujours aux pauvres innocents. *Che mai non fur vivi* (Dante).

Il y a quatre ans seulement qu'au milieu de l'étonnement des ennemis du progrès moderne, on a vu se rassembler à Rome 128 savants[2] qui étaient venus de tous les côtés de l'Europe, nous

____

(1) Relation lue au 2e Congrès d'anthropologie criminelle, Paris, 1889.

(2) *Actes du premier congrès d'anthropologie criminelle,* 1887, Rome.

apportant les dernières découvertes de cette science nouvelle et déjà mûre, découvertes qu'une merveilleuse exposition confirmait expérimentalement. — Mais depuis de ce moment, le mouvement (ce n'est pas une exagération de l'affirmer) a redoublé de vitesse et d'intensité.

Les nouvelles observations foisonnent de tous côtés.

I

CERVEAU. — Nous citerons seulement les *anomalies des circonvolutions cérébrales* qui, pour bien des raisons, paraissaient se soustraire aux recherches scientifiques, parce qu'on n'avait pas encore pu saisir complètement leur type normal. Lemoine nous a signalé chez un cleptomane, ex-membre de la Commune, une anomalie unique jusqu'ici dans la science, la fusion congénitale des deux lobes frontaux (*Archives d'anthropologie criminelle*, 1886). Hotzen (*Befunde am Gehirn einer Muttermorderin*, 1886) décrit chez Marie Kauster qui à quinze ans, avait tué sa mère, pour en hériter, et qui n'avait pourtant montré aucune anomalie psychologique, une *pachiméningite hémorrhagique*, une atrophie des circonvolutions frontales et du lobe occipital qui ne couvrait pas le cervelet, et un grand nombre de segmentations atypiques dans les circonvolutions, surtout de l'hémisphère gauche.

Lambl (*Westphal. Archiv für Psychiatrie*, 1889) a trouvé une complète parencéphalie avec destruction des racines de la circonvolution frontale ascendante chez une jeune escroc.

Richter a présenté à la Société de psychologie de Berlin, un cerveau de criminel, avec bifurcation de la scissure de Rolando. (*Archives de Neurologie*, 1885.) Fallot (*Bulletin de la société d'Anthropologie*, 1889), Benedikt, Brown, Tenchini, Willigk et Mingazzini ont observé 5 fois sur 112 criminels, un vrai opercule occipital, c'est-à-dire une plus grande profondeur du deuxième pli de passage, ce qui est très rare dans les cerveaux normaux, très fréquent dans les microcéphales (4 sur 12). La séparation de la scissure calcarienne de l'occipitale a été observée par eux sept fois sur 112 criminels ; sur 100 hommes honnêtes une fois, et sur 12 nègres une fois.

Un autre fait qui est maintenant bien assuré, c'est le plus grand développement du cervelet qui contraste avec le volume du cerveau ; même les femmes criminelles qui ont toujours le minimum des anomalies étaient en cela très voisines des mâles. Le poids du cervelet et de ses annexes était de 153 grammes, tandis que chez les femmes honnêtes il est de 147 (*Archivio Psichiatria*, IX, 612), chez les mâles il va jusqu'à 169.

Toutes les observateurs confirment la fréquence des communications anormales des circonvolutions et cela dans des cerveaux bien souvent plus volumineux que chez les autres ; ces anomalies confirment la prophétie de Broca qui fut le père de l'anthropologie, et, par là, l'ancêtre de l'anthropologie criminelle.

« Une ou plusieurs de ces communications, écrivait-il, n'empêchent pas un cerveau d'être à la fois très intelligent et très bien équilibré ; mais lorsqu'elles sont nombreuses, lorsqu'elles affectent des parties importantes, elles sont l'indice d'un développement défectueux. C'est ce qu'on voit souvent sur les cerveaux peu volumineux des pauvres d'esprit ou des imbéciles, et c'est ce qu'on voit aussi très fréquemment sur les cerveaux des assassins, avec cette différence que, dans le premier cas, le moindre développement des plis de passage ou d'anastomoses est en rapport avec le développement des circonvolutions en général et avec la petitesse cérébrale ; tandis que, dans le second cas, il coïncide, au contraire, avec l'ampleur de la plupart des circonvolutions et témoigne de l'irrégularité du développement du cerveau. »

II

CRANES. — Il est naturel que ce soit sur le crâne
dont le type normal est bien connu, que les anomalies aient été reconnues en plus grand nombre,
non seulement dans ces dernières années, mais
même depuis plusieurs siècles.

Commençons par l'anomalie qui est peut-être
la plus caractéristique et certainement la plus
atavistique chez les criminels, par la fossette
occipitale moyenne. Sa fréquence a été confirmée
par tous les observateurs, Tenchini, Benedikt,
Mingazzini, excepté par M. Féré, qui, nous le
croyons, n'a pas très approfondi cette étude.

Il est curieux de noter, par exemple, que
M. Marimo qui avait entrepris ses recherches pour
combattre l'importance de cette anomalie et sa
signification atavistique, a dû la confirmer au contraire, l'ayant trouvée dans la proportion [1]

de   4, 19 chez les Européens normaux (1320).
»   16   chez les Européens criminels (150).
»   50   chez les Zélandais (22).
»   22   chez les Australiens (222).
»   26   chez les Américains (46).
»   19   chez les Egyptiens et les Etrusques (126).

MM. Romiti, Tenchini, Mingazzini et Frigerio ont

______

(1) *Archivio di Psichiatria*, 1889.

trouvé des proportions numériques encore plus grandes.

La fréquence de la synostose précoce a été également confirmée par les recherches de MM. Mingazzini et Romiti et celle de la crête frontale hypertrophique (étudiée par M. Tenchini pendant les séances du premier congrès) a été confirmée par MM. Mingazzini, Varaglia, Marimo, qui l'ont trouvée dans 47 p. 100 des criminels, et 14 p. 100 des honnêtes. (*Archivio di Psichiatria*, vol. VIII, p. 68.)

M. Marimo a [trouvé les wormiens du ptéréon dans la proportion de 23 p. 100 de ses criminels (*Arch. d'Anthrop.*, 1889); j'avais trouvé cette même proportion (*Homme criminel*, p. 171). Papous 36 p. 100, Australiens 28 p. 100, Italie du Midi 16 p. 100, du Nord 85 p. 100.

M. Penta, à son tour, a observé un phénomène atavistique des plus singuliers : la présence de deux os anormaux aux côtés de l'occipital qui vont rejoindre le ptéréon, comme dans les poissons pleuronectiles. (*Rivista di discipline carcerarie*, 1889, p. 23.)

M. Mingazzini, en étudiant 30 crânes criminels, trouve, dans 16 p. 100 des cas, le métopisme, dans 6 p. 100 la fusion des os du nez, une fois l'os basiotique, dans 33 p. 100 la proéminence des arcades sourcilières, dans 10 p. 100 la sub-

microcéphalie, dans 20 p. 100 la tératologie complète du crâne, c'est-à-dire asymétric, sténocro-
taphie, mâchoire énorme, énorme index perpla-
tyrhinique et brachistaphylique dans le même
crâne (*Archivio di Psychiatria*, IX, p. 612).
M. Severi nous a montré, ainsi que Varaglia l'avait
entrevu, une plus grande capacité des fossettes
craniennes occipitales, ce qui confirme et explique
le volume plus grand qu'on avait reconnu dans le
cervelet des criminels.

Appliquant la photographie composite (galto-

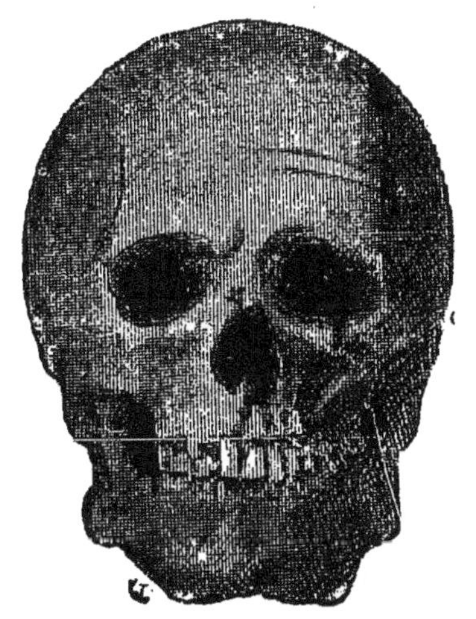

Fig. 1. — Photographie composite de crânes de criminels.

nienne) à l'étude du type criminel, j'ai trouvé
dans six crânes d'assassins et dans six de voleurs
de grands chemins, deux types qui se ressemblent
merveilleusement et qui présentent, avec une exagération évidente, les caractères du criminel-né

et même, on pourrait bien le dire, de l'homme sauvage : sinus frontaux très apparents, zygomes et mâchoires très volumineux, orbites très grands et très éloignés, asymétrie du visage, type ptéléiforme de l'ouverture nasale, appendice lémurien des mâchoires (fig. 1). Six autres crânes d'escrocs et de voleurs m'ont donné un type moins précis, mais l'asymétrie, la largeur des orbites, la saillance des zygomes y sont toutefois très nettes quoique moins marquées. Ces anomalies sont moins évidentes dans une photographie obtenue avec ces dix-huit crânes.[1]

Cette observation me semble avoir une importance tout aussi grande, dans un ordre d'idées bien plus général, car elle vient étayer puissamment la signification et l'importance des statistiques moyennes, lesquelles semblaient devoir s'écrouler sous les derniers coups qu'on leur a portés. Nous avons aujourd'hui des indications très nettes à l'appui de nos théories, en ne travaillant que sur des groupes véritablement homogènes.

III

SQUELETTE. — M. Tenchini étudiant 63 squelettes

[1] Pour les autres figures, consulter l'*Atlas de l'Homme criminel*, Alcan 1888.

de criminels, y a trouvé dans 6 p. 100 des cas, la perforation de l'olécrâne qu'on observe dans 36 p. 100 des Européens et dans 34 p. 100 des Polynésiens ; il vient d'observer, de même, chez eux, 10 fois sur 100, des côtes et des vertèbres en plus, et 10 fois sur 100 en moins ; ce qui rappelle la grande variabilité de ces os dans les vertébrés inférieurs.

Dans ces derniers temps il a même trouvé, chez un criminel, quatre vertèbres sacrales de moins, remplacées par quatre vertèbres cervicales supplémentaires.

IV

ANOMALIES DANS LES VIVANTS. — Marro (*Caratteri dei delinquenti* 1889), qu'on peut bien appeler le Jussieu de l'anthropologie criminelle, a étudié toutes les sous-espèces de l'*Homo criminalis*, et il a trouvé que les anomalies qu'il appelle atypiques (comme nez tordu, goitre, etc.) sont, chez les auteurs de blessures, moins nombreuses que chez les normaux, pendant qu'on vérifie le contraire sur les voleurs et les filous. Seuls les escrocs s'approchent de la moyenne physiologique, tout en restant au-dessous.

Les anomalies pathologiques (parésies, etc.), qui dépendent presque toujours des habitudes alcooliques ou de la vie de prison, se remarquent avec une grande fréquence chez les meurtriers, tandis qu'elles présentent quelque diminution chez les auteurs de blessures.

Il trouva une plus grande capacité et une plus grande circonférence de la tête chez les filous, et cez les simples voleurs, chez lesquels il observa encore que la courbe transversale de la tête est plus grande, — il observa le plus petit diamètre vertical du crâne (dans la proportion de 4,3) chez les homicides récidivistes, tandis qu'il était de 1,6 chez les homicides non récidivistes. Ferri avait trouvé la longueur du visage plus grande dans les homicides que dans les auteurs de blessures et dans les filous. Marro remarqua que chez les escrocs la *brachicéphalie* était moins exagérée et la *microcéphalie* frontale moins fréquente.

Il trouva chez les criminels les proportions de 86 p. 100 de fronts étroits et de 41 p. 100 de fronts bas. Les mêmes proportions chez les normaux étaient respectivement de 51,9 p. 100 et de 15 p. 100.

Chez les assassins, Marro, a trouvé bien souvent le diamètre mandibulaire exagéré, les zigomes distants, les cheveux noirs et touffus; défaut de barbe, et pâleur du visage.

La *brachicéphalie* se montra, chez les auteurs de blessures, plus fréquente que dans toute autre espèce de criminels ; la longueur des bras et même des mains est aussi un caractère de ces gens. Au contraire, chez les coupables de viols, on rencontre le front étroit, les mains et les bras courts, caractères fréquents qui les rapprochent assez des femmes criminelles, comme nous allons le voir.

Chez les vagabonds, on remarque l'absence des caractères physiques (tels que les sinus frontaux, la mâchoire volumineuse) qu'on peut croire des signes d'énergie, et la présence, au contraire, des autres anomalies qui annoncent la faiblesse physique et morale (*hernies*, par exemple).

Les anomalies somatiques et psychiques atteignent, chez les assassins, 45 p. 100 ; chez les auteurs de viols, elles vont jusqu'à 33 p. 100 ; chez les voleurs avec effraction à 24 p. 100 ; elles abondent aussi parmi les criminels d'occasion.

Quant aux névropathies, nous voyons qu'elles sont assez fréquentes chez les assassins (45. p. 100). et encore plus chez les incendiaires (85 p. 100) ; elles sont plus rares chez les voleurs de vol simple (36 p. 100) et chez les oisifs (38 p. 100) ; et plus rares encore chez les violateurs (33 p. 100), chez les voleurs de grand chemin (23 p. 100), les voleurs avec effraction (24 p. 100), les auteurs de blessures et les escrocs.

Pour les différences de la main, Marro a trouvé

qu'en général, les mains trapues et courtes abondent chez les meurtriers, tandis que chez les autres espèces de criminels prédominent les mains allongées, dans lesquelles la longueur des doigts est égale à celle de la paume de la main et quelquefois plus grande.

Les différences de la sensibilité sont remarquables dans les diverses classes de criminels et même chez les individus d'une même classe. — Marro a trouvé que la diminution de la sensibilité générale se montre avec plus de fréquence chez les auteurs de viols, puis chez les assassins, les voleurs de grand chemin et les escrocs.

Pour ce qui est de l'intelligence, on peut dire que, généralement, elle est moindre chez les criminels contre les personnes, et plus puissante chez les criminels contre la propriété et chez les escrocs.

La passion du jeu est grande chez les auteurs de viol et de blessures ; un peu moins chez les oisifs, chez les voleurs de grand chemin et les assassins.

En voici les proportions :

Assassins.	37 p. 100
Auteurs de blessures	66 —
Auteurs de viols.	66 —
Voleurs de grand chemin.	51 —
Incendiaires.	14 —
Escrocs.	45 —
Voleurs	63 —
Oisifs	59 —

On pouvait bien s'attendre à ce que les habitudes d'alcoolisme fussent très répandues chez les criminels, et en effet, Marro les a trouvées chez 74,7 p. 100 des criminels.

De ses études, il résulte encore que les habitudes religieuses sont développées chez les criminels, presque à l'égal des normaux, plus encore même parmi les assassins et les auteurs de viol (peut-être parce que ceux-ci abondent chez les villageois); au contraire, elles sont bien faibles, chez les criminels d'occasion, les voleurs exceptés.

La récidivité et la précocité abondent parmi les criminels d'occasion, qui présentent peu de caractères dégénératifs.

Pour ce qui est de l'hérédité, on voit qu'elle dépend en première ligne, de l'âge avancé des parents, de l'alcoolisme, de l'irritabilité du père, en deuxième ligne de l'aliénation et de la criminalité des parents [1].

(1)	Chez le père.	Chez la mère.	Chez les aïeux paternels.	Chez les aïeux maternels.
Alcoolisme	41 p. 100	5,1 p. 100	»	»
Vieillesse	32 —	17 —	?	?
Folie.	9,2 —	3,3 —	2,7	1.1
Maladie cérébro-spin. .	21,1 —	18,0 —	»	»
Epilepsie	1,7 —	0,9 —	0.1	0,1
Criminalité	3,3 —	0,3 —	»	»
Immoralité ou caractère violent . . .	22,6 —	11,0 —	?	?
Phtisie polmonaire. .	5,1 —	10,1 —	»	»

En résumant ces caractères, on peut dire :

Chez les assassins et les meurtiers, il y a prévalence de la courbe et du diamètre transversal de la tête, la demi-circonférence postérieure de la tête est plus forte que l'antérieure : la mâchoire inférieure est volumineuse et les zygomes éloignés : ils ont le plus souvent les cheveux noirs et touffus et la barbe rare ; le goitre et les mains trapues s'y rencontrent aussi avec fréquence. Chez les auteurs de blessures, la brachicéphalie est le caractère le plus constant ; viennent ensuite la longueur des mains et des bras.

Chez les auteurs de viol, on a observé une taille petite, avec poids relativement élevé, les mains et les bras courts, le front étroit, la demi-circonférence antérieure de la tête très courte. Les anomalies des organes génitaux et du nez sont fréquentes, et presque toujours l'intelligence est très peu développée.

Les cheveux touffus et la barbe rare, la dérivation de parents alcoolisés et névropathes, carac

et comme cause de mort l'on a reconnu :

		Chez le père.	Chez la mère.
L'alcoolisme. . . .	dans	7,2 p. 100	2,1 p. 100
Le suicide	—	1,4 —	»
La folie	—	6,5 —	5,3 —
Les maladies cérébro-spinales. . .	—	21,1 —	18,2 —
La tuberculose. .	—	5,1 —	10,7 —

térisent les voleurs de grand chemin. Beaucoup d'entre ceux-ci sont tatoués et ont les réflexes exagérés.

Les incendiaires sont presque tous aliénés : leurs parents l'étaient aussi.

On a trouvé chez les escrocs les mâchoires fortes, les zygomes éloignés, le poids du corps très élevé, parents âgés, intelligence discrète, quelquefois même très développée.

Les voleurs avec effraction ressemblent aux voleurs de grands chemins, par les caractères physiques et psychiques. Chez eux, on trouve un grand nombre de fous simulateurs. Chez les autres voleurs, on remarque les cheveux noirs et la barbe rare ; l'intelligence est plus soignée que dans les autres classes, les escrocs exceptés ; l'alcoolisme chronique est très fréquent, tandis qu'il l'est moins chez leurs parents.

Chez les oisifs, Marro a trouvé beaucoup d'anomalies psychiques : arrêt du développement de l'intelligence, en particulier l'épilepsie et d'autres défauts expliquent leur penchants étranges.

Sur les femmes criminelles, les influences sociales sont bien plus puissantes que sur les mâles ; viennent ensuite la vieillesse, l'aliénation mentale et l'alcoolisme des parents qui produisent presque autant de femmes criminelles que d'hommes.

V

On a prétendu que ces découvertes étaient en contradiction avec les miennes; mais, au contraire, elles ne font que les confirmer complètement : seulement elles nous montrent des espèces, là où je n'avais entrevu qu'une genre : c'est le signe du progrès, que cette subdivision des phénomènes, qui paraissaient simples à première vue. On marche toujours du simple au composé.

En étudiant par la méthode statistique cent nouveaux types criminels qui ont posé (je vole le mot aux artistes) dans mon laboratoire, le professeur Rossi a confirmé presque toutes les observations de Marro [1]. La circonférence moyenne du crâne a été trouvée de 552 centimètres (selon Marro, elle serait de 550). La courbe antéro-postérieure était de 345 centimètres (340 selon Marro), la courbe transversale, de 229 centimètres (suivant Marro, 211).

La brachicéphalie est plus diffuse, — dans la proportion de 83,3, — tandis que, les dolichocéphales étaient dans la proportion de 8 p. 100 et les mésaticéphales dans celle de 8,3 p. 100;

____

(1) *Unia centuria di Criminali*, 1889.

la capacité crânienne était de 15,48 (selon Marro 15,72.)

Les anomalies plus nombreuses de la tête ont été :

Les sinus frontaux énormes chez 20 p. 100.
L'oxicéphalie.   5   —
La platicéphalie.   5   —
La scaphocéphalie   4   –
La plagiocéphalie   5   —

Et dans la face :

L'asymétrie faciale   24   —
La mâchoire hypertrophique.   23   —
Les oreilles à anse   24   —
Le strabisme   14   —
Les dents enchevêtrées. . .   8   —
Les incisives médianes ab-
    sentes   2   —
Les canines médianes ab-
    sentes.   1   —
Les incisives médianes hyper-
    trophiées.   3   —
Les canines médianes hyper-
    trophiées   2   —

La moyenne de la sensibilité tactile a été trouvée par M. Rossi chez 69 criminels, de 2,62 millimètres à droite, et de 2,41 millimètres à gauche.

L'analgésie a été trouvée dans 15 p. 100 des sujets, la sensibilité à la douleur plus forte à droite dans 34 p. 100 ; à gauche dans 39 p. 100 ; égale dans 15 p. 100.

La force la plus grande était à gauche dans 40 p. 100 des cas, l'épilepsie existait dans 32 p. 100.

Sur 100 criminels, 81 p. 100 se livraient à la boisson (15 dès leur enfance).

L'impulsivité, le caractère irascible se remarquaient dans 40 p. 100.

L'inconstance dans 18 p. 100 ; la religiosité dans 25 p. 100 ; le tatouage fut observé dans 23 cas sur 100[1].

VI

M. Ottolenghi[2] a examiné l'échancrure nasale de 526 crânes dont 397 normaux, 129 de criminels, 50 de fous. Il y a trouvé des anomalies dans la proportion de 23,92 p. 100 chez les normaux, 39,52 p. 100 chez les criminels (48,14 p. 100 d'hommes ; 33,33 p. 100 de femmes).

Mais, ce qui est plus important, il a rencontré dans le plus haut degré de l'anomalie, la vraie gouttière simienne dans le rapport de 1,70 p. 100

(1) *Centuria di Criminali*, 1888.
(2) *Archivio di Psichiatria e Scienze penale*, 1888.

chez les normaux et de 16,60 p. 100 chez les criminels.

Sur 20 crânes de crétins de la Lombardie et du Piémont, l'anomalie de l'échancrure nasale était dans le rapport de 55 p. 100. Chez les fous (presque tous Piémontais) il a trouvé presqu'aussi fréquemment cette anomalie (42 p. 100); 13 épileptiques ont donné 38,46 p. 100. Il a cherché les anomalies de l'épine nasale dans les crânes de 60 normaux, de 30 criminels, de 13 épileptiques, de 50 fous et de 20 crétins, et il l'a rencontrée très développée chez les criminels (48,7 p. 100), surtout chez les assassins et chez les fous (40 p. 100); et moins fréquemment chez les normaux (24 p. 100).

On a ensuite étudié la dimension, l'inclinaison, la surface, la direction et la protubérance des os nasaux.

Ce sont les criminels (surtout les assassins) qui offrent les os nasaux les plus développés (40 p. 100), tandis que chez les normaux la proportion n'est que de 4 p. 100.

Pour la direction, Ottolenghi a constaté fréquemment (36 p. 100) la déviation des os nasaux chez les criminels, 30 p. 100 chez les épileptiques, tandis qu'elle était de 16 p. 100 chez les normaux.

M. Ottolenghi a observé aussi, *l'ouverture nasale asymétrique,* appelée par M. Welecker *ptéléiforme* : celle-ci, très rare chez les normaux (8 p. 100), prédomine parmi les criminels (36 p. 100), spécialement chez les voleurs (37,5 p. 100) et presqu'autant chez les fous (32 p. 100); chez les crétins (sur 20 individus 20 p. 100), et chez les épileptiques (sur 13 individus 32 p. 100).

Il a étudié, sur le vivant, la forme du nez, son profil, sa base, sa largeur, sa protubérance (selon les règles tracées par M. Bertillon [1]), chez 630 normaux 392 criminels, 40 épileptiques et 10 crétins.

Le criminel, en général, présente le nez rectiligne (60,31 p. 100), à base horizontale (60,97 p. 100), de longueur moyenne (48,73 p. 100), plutôt large (54,14 p. 100); pas trop protubérant (38,53 p. 100); souvent dévié (48,13 p. 100).

Parmi les criminels on a pu déterminer suffisamment bien le nez du voleur et celui du violateur.

Le voleur présente en grande partie le nez rectiligne (40,4 p. 100); souvent concave (23,32 p. 100); à base souvent relevée (32,13 p. 100); fréquemment court (30,92 p. 100); large (53,28

---

(1) *Archives d'Anthropologie,* 1887, Paris.

p. 100), écrasé (31,33 p. 100); et bien des fois dévié (37,5 p. 100).

Les violateurs ont le plus souvent le nez rectiligne (54,5 p. 100); écrasé (50 p. 100) et devié (50 p. 100), mais de dimensions moyennes.

Chez les normaux le nez est tantôt crochu (26,87 p. 100); tantôt onduleux (25,4 p. 100); plutôt long (57,7 p. 100); de moyenne largeur (54,8 p. 100); à base très souvent abaissée (42 p. 100) et très rarement écartée (6 p. 100); surtout protubérant (30 p. 100).

L'on voit donc que si le profil le plus souvent rectiligne et la direction écartée distinguent le nez du criminel de celui du normal, la longueur, la largeur et la protubérance distinguent suffisamment entre eux les différents types de criminels.

Le nez de l'épileptique est souvent onduleux (42,8 p. 100) et crochu (32,8 p. 100); à base horizontale (72,3 p. 100); très long (75 p. 100); plusieurs fois bien large (30 p. 100); souvent dévié (25 p. 100), presque toujours protubérant (59,94 p. 100 :

Le crétin a le nez *camus;* très souvent concave (50 p. 100); à base horizontale (100 p. 100); court (60 p. 100); large (100 p. 100); écrasé (100 p. 100); souvent dévié (40 p. 100).

VII

M. Frigerio a publié sur les anomalies de l'oreille, chez les criminels, des études qui sont d'une grande importance [1]. En voici les conclusions :

1° Le pavillon de l'oreille doit être placé en première ligne parmi les organes qui offrent des caractères de dégénérescence ;

2° L'angle auriculo-temporal mérite la plus grande attention au point de vue de l'anthropologie et de l'identification personnelle ;

3° L'angle auriculo-temporal dépasse 90° dans les conditions normales avec des chiffres de beaucoup inférieurs à ceux que l'on constate chez les fous et les criminels ;

4° La moyenne pour cent tend à augmenter, de l'homme sain à l'aliéné et au criminel ;

Elle est dépassée chez les singes, sur lesquels elle est rarement inférieure à 100° ;

5° L'indice de la conque et celui du pavillon décroissent chez les individus sains du premier âge et de l'âge adulte.

(1) *Archives d'Anthropologie criminelle*, 1888, p. 17.

Ils semblent, avec l'ampleur de l'angle auriculo-temporal, liés au développement de l'intelligence ;

6° La plus grande variation de l'indice de la conque, comparée à celle du pavillon chez les individus sains, permet de croire que, du premier âge à l'âge mûr, il y a, spécialement dans la conque, un plus grand développement dans le sens longitudinal que dans le sens transversal ;

7° Si, chez les aliénés, on adopte l'indice moyen des deux oreilles pour la conque et le pavillon, on observe, bien que l'indice de la conque soit supérieur à celui de l'individu normal, que l'indice du pavillon lui est au contraire inférieur. Cependant, chez les aliénés, la conque à un développement plus grand que le pavillon, surtout dans le sens transversal ;

8° D'après l'indice moyen de la conque, les aliénés et les criminels se succèdent comme suit, en ordre décroissant : non héréditaires, 0,69 ; dégénérés et violateurs, 0,67 ; voleurs de grands chemins, 0,66 ; homicides, 0,65 ; voleurs et faussaires, 0,65 ; héréditaires, 0,64 ; incendiaires, 0,60.

M. Frigerio est arrivé à ces résultats, grâce à l'otomètre, instrument très ingénieux et très simple dont il a enrichi les laboratoires des anthropologues.

Le professeur Gradenigo a étudié le pavillon de l'oreille sur une plus grande échelle [1].

Les sujets qu'il a observés étaient très nombreux. Outre l'examen attentif de 650 personnes (350 hommes et 300 femmes), il a passé rapidement en revue les pavillons de 25,000 personnes à Turin (15,000 hommes, 10,000 femmes). Il a examiné 330 aliénés (180 hommes, 150 femmes), 76 crétins (50 hommes, 26 femmes), 352 criminels typiques (304 hommes, 48 femmes).

Voici ses résultats :

	CRIMINELS	HOMMES HONNÊTES	
	—	Hommes.	Femmes.
	P. 100	P. 100	P. 100
Pavillons réguliers........	29,2	50,55	62
Lobes adhérents.........	25	28	22
Oreilles à anse	24	12,15	6
Oreilles Wildermuth.....	18	6,2	9,12

Chez les personnes honnêtes, les oreilles à anse sont donc environ moitié moins fréquentes parmi les femmes que parmi les hommes ; les oreilles de Wildermuth [2], au contraire, sont plus fréquentes chez celles-ci.

(1) *Giorn ale della R. Academia di Torino*, n°s 8, 9, 10, 1889. — *Annales des maladies des oreilles*, octobre 1889. — *Comptes rendus du Congrès intern. d'otologie*, Paris, 1889, p. 144.

(2) Le pavillon est caractérisé par la saillie plus accentuée de l'anthélix comparativement à l'hélix.

Les anomalies dans la conformation du pavillon se rencontrent donc environ deux fois plus fréquemment chez les criminels que chez les adultes honnêtes à Turin. Quant au nombre des lobes adhérents, l'exception qui résulte des chiffres n'est qu'apparente : car chez les criminels on trouve très souvent les lobes adhérents prolongés le long de la joue, espèce d'anomalie plus grave que les lobes adhérents simples. De plus, Gradenigo a constaté, chez les criminels, une fréquence toute particulière des oreilles de Darwin, des malformations de l'hélix et de l'anthélix, et d'asymétrie d'implantation, etc.

De ses recherches il résulte, en outre, que la proportion pour cent des anomalies du pavillon varie sensiblement — même en faisant abstraction du sexe — selon la région, la ville, la classe sociale, et même, pour certaines anomalies, aussi selon l'âge. Il a rencontré un nombre beaucoup plus considérable d'oreilles à anse chez les enfants (25 p. 100) que chez les adultes (12,15 p. 100).

VIII

Mme Tarnowscky, dans ses études sur les filles de joie, les voleuses et les villageoises, a démontré[1] que la capacité cranienne des prostituées est inférieure à celle des voleuses et des villageoises, et surtout des femmes de la bonne société[2]; *vice-versa* les zygomes et les mandibules étaient plus développés chez les prostituées qui avaient aussi un plus grand nombre d'anomalies (87 p. 100), tandis que les voleuses en avaient 79 p. 100, et les villageoises 12 p. 100. Les prostituées avaient 33 p. 100 de leurs parents alcoolisés, tandis que les voleuses en avaient seulement 41 p. 100 et les villageoises 16 p. 100.

M. de Albertis a trouvé le tatouage chez 300 prostituées de Gênes dans la proportion

(1)	50 filles de joie.	100 filles de joie.	100 voleuses.	50 villageoises (nord).	50 villageoises (sud).	50 dames bonne société.
Diam. anteropost..	17,7	17,8	17,9	18,3	18	18,3
» trasv. max..	13,9	14,4	14,9	14,5	14,5	14,5
Circonférence max. orig........	52,9	53,3	53,5	52,7	53,6	58,8
Dist. zygomatique.	11,4	11,3	11,2	10,9	11,4	11,3
Distance mandib.. biang............	10,1	10,18	9,1	9,1	9,9	9,8

(2) *Arch. Psichiatry Mierjeivki*, 1887. — *Archivio Psichiatria et Antropol. Crim.* 1888, p. 196.

énorme de 70 p. 100 [1]. Il a trouvé aussi dans les femmes la sensibilité tactile très amoindrie, $3^{mm},6$ à droite et 4 millimètres à gauche.

Mais sur les femmes criminelles, Salsotto a fait des études tout à fait nouvelles ; il a reconnu chez 130 voleuses les caractères dégénératifs, les anomalies du crâne, de la physionomie en nombre bien moindre que chez les hommes; il a trouvé la brachicéphalie chez 7, l'oxicéphalie chez 29, la platicéphalie chez 7, le front fuyant chez 7, le strabisme chez 11, les oreilles à anses dans 6, la sensibilité tactile était normale chez 2 p. 100, les réflexes tendineux amoindris chez 4 p. 100, exagérés chez 12 p. 100.

Marro et Morselli nous ont expliqué par la sélection sexuelle cette énorme différence, qu'on trouve aussi dans les épileptiques et surtout dans les fous ; les hommes en effet ne choisissent pas de femmes laides, avec caractères dégénératifs, tandis que les femmes ne peuvent pas choisir, et bien souvent l'homme laid, criminel, mais vigoureux, triomphe pour ce motif de tous les obstacles il est même quelquefois préféré (Flaubert, correspondance, 1889).

Ajoutons que les soins de la maternité, adou-

(1) *Arch. di Psichatria et Antropol. Criminel.* X, 1889.

cissant le caractère des femmes, ont augmenté chez elles le sentiment de la pitié.

IX

M. Ottolenghi[1] a étudié dans mon laboratoire les rides chez 200 criminels et 200 normaux (ouvriers et paysans), et il les a trouvées bien plus fréquentes et plus précoces chez les criminels, 2 à 5 fois plus que chez les personnes normales, avec prédominance de la ride zygomatique (située au milieu de chaque joue) qu'on pourrait bien appeler la *ride du vice*, la ride caractéristique des criminels.

Dans les femmes criminelles (80) aussi, les rides ont été trouvées plus fréquentes que chez les femmes normales, quoique avec une moindre différence. —Qu'on se rappelle les rides des sorcières.

Il suffit de voir ce buste de la célèbre empoisonneuse sicilienne (fig. 2) conservé au Muséum

(1

	Avant 25 ans.		Entre 25 et 50 ans.	
	normaux p. 100.	criminels p. 100.	normaux p. 100.	criminels p. 100.
Rides du front.....	7,1	34	62	86
Ride nasolabiale..	22	69	62	78
Ride zygomatique.	0	16	18	33

national de Palerme, et dont le visage est un
amas de rides.

Lui-même, étudiant avec moi la fréquence de

Fig. 2. — L'empoisonneuse de Palerme.

la canitie et de la calvitie, en a démontré l'absence ou le retard chez les criminels[1] tout aussi

(1) *La Calvizie, la Canizie e le Rughe nei normali. nei criminali negli epilettis e nei cretini (Archivio di Psichatria in
Torino,* 1889, X).

bien que chez les épileptiques et chez les crétins. Parmi les premiers seulement, les escrocs s'approchent un peu plus des gens normaux [1].

Inversement chez 280 femmes criminelles, on a trouvé plus fréquente la canitie et plus rare la calvitie que chez 200 ouvrières honnêtes.

X

Nous ne terminerons pas ce chapitre sans faire mention de la belle découverte qu'on doit, nous nous plaisons à le constater, à un juriste, M. Anfosso. Le *tachianthropomètre* qu'il a construit est un vrai mensurateur automatique (*Archiv. de Psych.*, art. IX, p. 173). On pourrait l'appeler, si le mot n'avait un peu trop de couleur locale, une guillotine anthropométrique ; tant elle donne vite et avec la précision des machines, les mesures les plus importantes du corps, ce qui ren-

	Avec canitie p. 100	Avec calvitie p. 100
(1) 400 normaux.	62,5	19,
80 épileptiques	31,5	12,7
40 crétins.	11,7	13,5
490 criminels.	25,9	48
— voleurs. . . .	24,4	2,6
— escrocs. . . .	47	13,1
— blesseurs. . .	23,7	5,3
80 femmes criminelles. .	45	9,7
200 femmes honnêtes. . .	60	13

dra bien aisée, même aux gens les plus étrangers à la science, la pratique anthropométrique ; et l'examen du signalement des criminels dont le perfectionnement reste toujours un des titres les plus glorieux de M. Bertillon. Et en même temps que cet instrument rendra des services dans la pratique judiciaire, il permettra sur une grande échelle les observations qui jusqu'ici n'étaient possibles qu'aux savants.

L'expérience en a été faite il y a peu de temps par M. Rossi, qui étudia le résultat de ces mensurations sur 100 criminels (presque tous voleurs) ; il a trouvé chez 88 la grande envergure supérieure à la taille ; chez 11 inférieure ; pour les pieds, il en a trouvé la longueur plus grande à droite chez 30, à gauche chez 58, égale chez 12. Pour les bras, 43 fois on trouve une longueur supérieure à droite ; 54 fois à gauche. Ce que confirme merveilleusement la gaucherie (mancinisme) qu'on avait déjà signalée par la dynamométrie et par l'étude de la marche chez les criminels[1].

La grande fréquence de la gaucherie anatomique ne pouvait pas être mieux confirmée et c'est bien là un caractère atavistique, puisque Rollet a observé chez 42 anthropoïdes l'humérus

____

(1) *Archiv. di Psichiatria*, vol. X, p. 191, 1889.

plus long à gauche dans 60 p. 100 des cas, et seulement chez les hommes dans 7 p. 100. (*Revue scientifique* 1889.)

Cette vraie gauche rie anatomique, je viens de la vérifier avec M. Ottolenghi par des mensurations sur les mains, les doigts médium et les pieds, à droite et à gauche, sur 90 hommes normaux et sur 100 criminels-nés (*Archivio di psychiatria*, X, 8)[1].

	Main. plus longue. — Droite gauche p. 100.		Doigt médium. — Droit gauche p. 100.		Pied. — Droit gauche p. 100.	
Normaux . .	14,4	11	16,6	15,5	38,5	15,6
Criminels . .	5	25	10	27	27	35
Escrocs. . .	4,3	13	13	21,7	21,7	26
Viol.	7	14,2	14,2	28,4	35,7	35,7
Blesseurs. .	15	25	5	25	20	55
Voleurs. . .	0	34,8	13	30,4	26	26,6
Pick-pocket.	0	35	5	30	35	25

CHAPITRE II

RÉSISTANCE A LA DOULEUR. — La plus grande anomalie des criminels-nés, qu'on ne rencontre pas aussi exagérée même chez les sauvages, c'est la résistance à la douleur, l'analgésie. C'est ce que j'ai pu démontrer avec mon algomètre électrique, et dont on avait déjà de bien nombreux témoignages avant moi.

Les médecins des prisons savent comment les opérations les plus douloureuses (application du fer rouge, par exemple) sont souvent peu sensibles aux criminels.

Un voleur se laissa amputer la jambe sans pousser un seul cri, et s'amusa ensuite à jouer avec le tronçon. Un assassin renvoyé du bagne de l'île de S... à l'expiration de sa peine, priait le directeur de le garder encore; voyant sa prière repoussée, il se déchira les entrailles avec le manche d'une grande cuillère, puis remonta tranquillement l'escalier et entra dans son lit où il expira, peu d'instants après, sans avoir fait entendre un seul gémissement.

L'assassin Descourbes, pour ne pas aller à Cayenne, se fit aux jambes des plaies artificielles, et, celles-ci guéries, se passa, au moyen d'une aiguille, un cheveu à travers la rotule : il en mourut. Mandrin, avant qu'on lui tranchât la tête, fut tenaillé en huit endroits différents, aux jambes et aux bras, et ne poussa pas un soupir. Pour faire disparaître un signalement dénonciateur, B..., se fit sauter trois dents avec de la poudre ; R... s'enleva la peau du visage avec des fragments de verre (Vidocq).

J'ai vu deux meurtriers qui s'étaient mutuellement dénoncés, et qui se haïssaient depuis longtemps, s'élancer l'un sur l'autre, à l'heure de la promenade, et s'étreindre pendant quelques minutes, l'un mordant la lèvre, l'autre arrachant les cheveux de son adversaire ; tous les deux se plaignaient ensuite, non des blessures reçues et qui furent suivies de graves accidents, mais de ce qu'on les empêchait de compléter leur vengeance.

Cette analgésie nous explique les moyens atroces choisis si souvent pour les suicides, dans les prisons, et aussi le penchant au suicide, même chez ceux qui n'ont plus à subir que quelques jours de prison, ainsi qu'on l'a souvent constaté à Mazas. Elle nous explique bien quelques phénomènes étranges du monde criminel, celui surtout que les anciens poètes auraient appelé l'invulnérabilité et que, avec un mot plus modeste et plus médical, je nommerai la *disvulnérabilité* des criminels.

Le professeur Benedikt a vu dans une prison un brigand de la fameuse troupe de Rozza Sandor, vrai géant par la taille et athlète par la vigueur, qui, ayant pris part à une révolte de prisonniers, fut battu par des gardiens de telle façon qu'il eut plusieurs vertèbres fracturées. Toutes ses blessures guérirent, mais le géant d'auparavant devint une sorte de nain; toutefois il continua à travailler dans la forge de la prison et à se servir du lourd marteau comme dans les jours de sa plus grande vigueur.

Pour ma part, j'en ai vu de plus étranges encore : un voleur eut, dans une escalade, le frontal droit fendu latéralement par un coup de hache; en quinze jours il était guéri sans aucune réaction.

Le crâne du même brigand de la troupe de Rozza Sandor, dont parle M. Benedikt, a été envoyé à l'Exposition d'anthropologie de Rome par le célèbre professeur Lenhossek de Pesth. Ce crâne avait une énorme dépression de l'os pariétal gauche, effet d'une blessure d'arme à feu, qui ne l'avait pas empêché, m'écrivait M. Bosany, de tenir tête, plusieurs jours de suite, aux troupes autrichiennes et russes.

Dans la prison dont je suis le médecin, un meurtrier, qui travaillait comme maçon, grondé pour une faute légère, se jeta du troisième étage, d'une hauteur de 9 mètres, sur le pavé de la cour. — Tous le croyaient mort : on était allé chercher le médecin et même le prêtre, quand tout à coup on le vit se relever en souriant et demander à continuer son ouvrage.

Les individus qui possèdent cette *disvulnérabilité* se considèrent comme des privilégiés, et ils méprisent les délicats et les sensibles. C'est un plaisir, pour ces gens durs, de tourmenter incessamment les autres qu'ils regardent comme des créatures inférieures.

Voilà une double source de cruauté des criminels, comme le note très bien Benedikt : « Si nous voyons souffrir autrui, nous ressentons nous-même. à l'aide de notre mémoire, de pareilles sensations ; nous ressentons, pour ainsi dire, une copie de ces souffrances. De là naît la compassion que nous comptons parmi les vertus. Plus nous sommes sensibles, plus nous sommes disposés à la compassion. Lorsqu'il y a une diminution congénitale de sensibilité pour les douleurs et les sentiments désagréables, alors l'aptitude à la compassion fait presque défaut. »

SÉCRÉTIONS. — M. Ottolenghi [1] a fait dans mon laboratoire plusieurs observations sur l'élimination de l'urée, des chlorures et des phosphates chez 15 criminels-nés, et chez 3 criminels d'occasion assujettis aux mêmes conditions alimentaires.

Voici les moyennes des résultats :

		gr.
Urée p. 1,000 gr. du poids du corps.	Criminels nés	0,39
	— d'occasion .	8,53
Phosphates id.	Criminels-nés	0,024
	— d'occasion .	0,0195
Chlorures id.	Criminels-nés	0,28
	— d'occasion .	0,29

Il y a donc chez les criminels-nés une diminution dans l'élimination des urées et un augmentation des phosphates, tandis que l'élimination des chlorures ne varie pas.

Il a obtenu les mêmes résultats dans des cas d'épilepsie psychique, tandis que les criminels d'occasion n'offrent aucune anomalie.

(1) *Giornal del Academia méd. di Torino* 1888. *Archivio di Psichiatria*, 1888, X.

M. Rivano, au contraire[1], trouve chez les épileptiques une plus grande quantité d'urée et moins de phosphates aux jours de paroxysmes, et en outre, dans 33 p. 100, de l'albumine,

29   —   de l'acétone,

87   —   des peptones,

toujours dans les jours d'accès.

ODORAT. — **M.** Ottolenghi a étudié aussi l'odorat chez les criminels.

Il a composé dans ce but un *osmomètre* contenant douze solutions aqueuses d'essence de girofle qui variaient de 1 p. 50000 à 1 p. 100.

Il a fait ses observations en plusieurs séries, une seule par jour, dans des conditions de ventilation à peu près identiques, et en renouvelant les solutions pour chaque observation, afin d'éviter les erreurs d'évaporation.

Il cherchait d'abord le degré le plus faible auquel commençait la perception de l'odorat.

D'autres fois, il procédait d'une manière différente : il déplaçait les diverses bouteilles, et invitait ensuite le sujet à les replacer dans l'ordre de leur intensité d'odeur.

Il a distingué les erreurs de disposition qui

(1) *Archivio di Feniatria, Torino*, 1889.

s'étaient produites, en erreurs graves et légères, selon que, dans l'ordre des solutions, il y avait la distance de plusieurs ou d'un seul degré. Il a examiné 80 criminels (50 hommes, 30 femmes), et 50 personnes normales, (30 hommes, choisis la plupart parmi les gardes de prisons, et 20 femmes honnêtes).

Voici ses résultats :

Tandis que dans les hommes normaux l'odorat moyen variait entre le troisième et le quatrième degré de l'osmomètre, chez les criminels il variait du cinquième au sixième degré; 44 individus en manquaient tout à fait.

Tandis que les hommes honnêtes faisaient en moyenne trois fautes de disposition, les criminels en firent cinq, dont trois graves.

Les femmes normales touchèrent au quatrième degré de l'osmomètre, les femmes criminelles au sixième degré ; chez deux l'odorat manquait totalement.

Tandis que les premières firent en moyenne environ quatre fautes, les criminelles en firent cinq.

Des huit cas d'anosmie constatés chez les criminels, deux étaient en relation avec des altérations nasales; pour les autres, c'était une espèce de cécité olfactive ; ils ressentaient les excitations odoriférantes sans pouvoir les spécifier, et moins encore les classifier.

Pour vérifier ce qu'il y avait de vrai dans l'assertion [1], que les criminels contre les mœurs avaient l'odorat très développé, il l'examina chez 30 auteurs de viol et chez 40 prostituées. Il trouva dans 33 p. 100 des premiers la cécité de l'odorat, dans les autres une moyenne correspondant au cinquième degré de l'osmomètre.

Faisant ensuite disposer les diverses solutions selon le degré de leur force, il remarqua trois erreurs graves.

Chez 19 p. 100 de filles soumises, il a trouvé la cécité de l'odorat; et pour les autres, une acuité moyenne correspondant au cinquième degré de l'osmomètre.

Comparant ces résultats avec ceux déjà obtenus pour les normaux et pour les criminels, l'odorat apparaît beaucoup moins développé dans cette dernière catégori e .

Goût. — M. Ottolenghi a examiné aussi le goût de 100 criminels (60 criminels-nés, 20 criminels d'occasion et 20 femmes criminelles), il

(1) **Krafft-Ebing.** *Psychopatia sexualis.* 1889, 4ᵉ éd. Wien.
(2) *Archivio di Psichiatria,* 1889.

les a comparés avec 20 hommes de la classe inférieure, 20 professeurs et étudiants, 20 femmes
honnêtes et 40 filles de joie; ses expériences ont

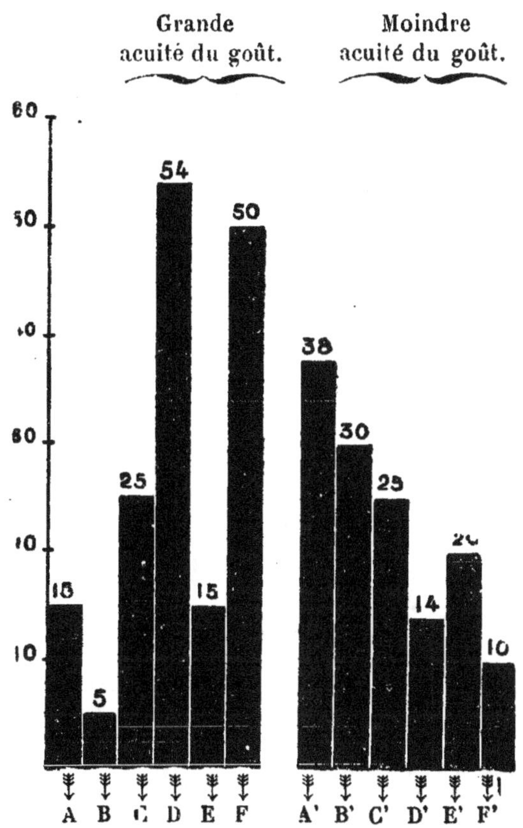

Fig. 3. — A, 60 délinquants-nés. — B, 20 délinquants d'occasion. — C, 20 ouvriers. — D, 50 étudiants. — E, 20 femmes
criminelles. — F, 20 femmes normales. — A', 60 délinquants-
nés. — B', 20 délinquants d'occasion. — C', 20 ouvriers.
— D', 50 étudiants. — E', 20 femmes criminelles. — F',
20 femmes normales.

été faites avec onze solutions de strychnine (gra-
duées 1/80000 à 1/50000), de saccharine (depuis
1/100000 jusqu'à 1/10000) et dix de chlorure de

4.

sodium (de 1/500 à 3/100). Les criminels montrèrent toujours une obtusité remarquable. (Voir fig. 3.)

La moindre acuité gustative a été rencontrée chez 38 p. 100 de criminels-nés, 30 p. 100 de criminels d'occasion, chez 20 p. 100 de femmes criminelles ; tandis qu'on a trouvé 14 p. 100 parmi les professeurs et les étudiants, 25 p. 100 parmi les hommes des classes inférieures, 30 p. 100 pour les filles de joie et enfin 10 p. 100 chez les femmes honnêtes.

MARCHE. — Une étude que j'ai faite avec Peracchia [1], sur la marche, suivant la méthode de Gilles de la Tourette, nous montre que, à l'inverse des gens normaux, le pas gauche des criminels est, généralement, plus long que le droit ; en outre ils s'écartent de la ligne d'axe plus à droite qu'à gauche ; leur pied gauche, en se posant à terre, forme avec cette ligne un angle de déviation plus prononcé que l'angle formé par leur pied droit ; tous ces caractères se rencontrent très souvent chez les épileptiques.

ÉCRITURE. — Les caractères que j'avais décou

____

[1] *Archivio di Psichiatria*, 1888.

verts dans les écritures des criminels, surtout
des meurtriers, me furent confirmés par les expériences hypnotiques. Un jeune étudiant suggestionné qu'il était un brigand, nous donna une
écriture rude, grossière, avec des *t* énormes, tandis
que son écriture ordinaire était très polie, fine et
presque féminine. Le même étudiant, suggestionné peu de temps après de se croire une petite
fille, a conservé dans l'écriture enfantine quelque peu de l'énergie du brigand.

GESTES. — C'est un usage ancien parmi les criminels de se communiquer leurs pensées par
gestes.

Avé-Lallemant décrivit une série de gestes des
voleurs allemands, un véritable langage exécuté
avec les seuls doigts, comme chez les muets.

Vidocq dit que les floueurs, quand ils guettent
leur victime, se font le signal de la *Saint-Jean*,
qui consiste à porter la main à leur cravate, où
même à ôter leur chapeau.

Mais c'est surtout Pitré qui a publié des ren-
seignements très importants.

Dans ses *Usi e costumi della Sicilia*, il vient
de décrire 48 gestes particuliers aux délinquants.

Cet abus des gestes s'explique par la mobilité

exagerée qu'ont les criminels-nés, tout à fait comme les enfants.

TATOUAGE. — J'avais cru qu'il n'y aurait à ce propos plus rien à dire après les belles études de MM. Lacassagne, Marro, et après les miennes [1].

Cependant les recherches faites par MM. Severi, Lucchini et Boselli sur 4,000 nouveaux criminels, ont donné des résultats d'une haute importance et tout d'abord une proportion octuple de celle des aliénés de la même région (Florence et Lucques). Cette diffusion énorme va jusqu'à 40 p. 100 chez les militaires criminels, à 33 p. 100 chez les mineurs ; les femmes ne donneraient que 1,6 p. 100, mais la proportion s'élèverait à 2 p. 100 si on voulait y comprendre certains tatouages-mouches ressemblant aux grains de beauté, qui sont en usage jusque dans la haute prostitution.

Ce qui frappe le plus dans ces recherches, après la fréquence, c'est le caractère spécifique desdits tatouages : l'obscénité, la vantardise du crime, et le contraste étrange des passions mauvaises et des sentiments les plus délicats.

M. C..., âgé de vingt-sept ans, condamné cinquante fois au moins pour révolte, coups et blessures

(1) Voir *Nouvelle revue* 1888 et *Uomo deliquinte*, 4e éd. 1889.

d'hommes et de chevaux, a pour ainsi dire l'histoire de ses crimes écrite sur sa peau, et à ce propos, notons que tout récemment l'infâme de Rosny, qui s'est suicidée à Lyon, avait le corps couvert de tatouages représentant des figures érotiques; on y lisait la liste de ses amants et les dates auxquelles elle les avait quittés.

F. S..., charretier, âgé de vingt-six ans, récidiviste, porte sur la poitrine un cœur percé par un poignard (signe de vengeance), sur la main droite une chanteuse de café-concert dont il s'était épris. A côté de ces tatouages et d'autres[1] que les convenances nous empêchent de citer, on voit avec surprise le dessin d'un tombeau avec l'épitaphe : *A mon père chéri.* Contradictions étranges de l'esprit humain!

Un nommé B..., déserteur, a sur la poitrine un saint Georges et la croix de la Légion d'honneur, et sur le bras droit une femme très peu habillée qui boit, avec l'inscription : *Mouillons un peu l'intérieur.*

Q. A..., journalier, condamné plusieurs fois pour vol, expulsé de France et de Suisse, a sur la poitrine deux gendarmes suisses avec les mots : *Vive la République!* Sur le bras droit un

(1) Voir *Atlas* de l'*Homme criminel,* 1888, Alcan.

cœur percé et à côté la tête d'un poisson, un *ma-quereau*, pour signifier qu'il veut poignarder un souteneur, son rival.

Nous avons vu sur le bras gauche d'un autre voleur, un pot de citronnier avec les initiales V. G. (*vengeance*); ce qui, dans l'étrange langage des criminels, veut dire : trahison et après, vengeance. Il ne nous cachait pas que sa pensée continuelle était de se venger de la femme qui l'a aimé et depuis abandonné : son désir est de lui couper le nez; il refusa même l'offre que lui fit son frère de se charger de l'opération, pour le plaisir de l'exécuter personnellement une fois en liberté.

On voit donc, par ces quelques exemples, qu'il y a parmi les criminels une espèce d'écriture hiéroglyphique, mais qui n'est pas réglée, ni fixée; elle dérive des événements journaliers et de l'argot, comme cela devait être chez les hommes primitifs.

Très souvent, en effet, la clef y signifie le silence du secret entre les voleurs, et la tête de mort la vengeance. Parfois on remplace les figures par des points; ainsi un repris de justice s'est marqué avec 17 points, ce qui veut dire, selon lui, qu'il se propose d'outrager dix-sept fois son ennemi lorsqu'il lui tombera sous la main.

Les tatoués criminels de Naples ont l'habitude de faire de longues inscriptions; mais les mots sont remplacés par des initiales. Beaucoup de *camorristes* de Naples portent un tatouage qui représente une grille derrière laquelle se trouve un prisonnier, et au-dessous les initiales Q. F. Q. P. M., c'est-à-dire *Quando finiranno queste pene? Mai!* (Quand finiront ces peines? Jamais!)

D'autres portent l'épigraphe C. G. P. V., etc.., c'est-à-dire : *Courage, galériens, pour voler et piller nous devons tout mettre à sang et à feu.*

On voit donc déjà ici que certains tatouages sont employés par des associations criminelles et qu'ils sont un signal de ralliement.

En Bavière et dans le sud de l'Allemagne, les voleurs à la tire, qui sont réunis en véritables associations, se reconnaissent entre eux par le tatouage épigraphique *T. Und L.*, c'est-à-dire *Thal und Land*, mots qu'ils doivent échanger à demi-voix quand ils se rencontrent, sans cela ils se dénoncent eux-mêmes à la police.

Le voleur R..., qui porte sur le bras droit un dessin représentant deux mains entre-croisées et le mot *Union* entouré d'une guirlande de fleurs, nous dit que ce tatouage est adopté par beaucoup de malfaiteurs et associés du midi de la France (Draguignan).

D'après des révélations qui nous été faites par des *camorristes* émérites, cinq points sur la main droite, un lézard ou un serpent, signalent le premier grade dans cette dangereuse association.

Je passe sous silence, et pour cause, la diffusion des tatouages sur toutes les autres parties du corps.

Dans la *Revista de antropologia criminal*, nouvelle publication qui vient de paraître à Madrid, M. Sallilas a publié une excellente étude sur le tatouage des criminels espagnols. Selon lui, cet usage est fréquent parmi les meurtriers ; la prédominance du caractère religieux s'y observe, mais toujours avec ce cachet de cynisme obscène qu'on remarque chez tous les autres.

J'ai eu l'occasion, récemment, de vérifier jusqu'à quel point est atavistique l'impulsion qui conduit les criminels à s'infliger cette étrange opération.

Un voleur des plus incorrigibles, qui a six frères tatoués comme lui, me priait, quoiqu'il fût à demi couvert des tatouages les plus cyniques, de lui chercher un tatoueur de profession pour achever ce qu'on pouvait bien appeler la tapisserie de sa peau. « Lorsque le tatouage est bien drôle et répandu sur tout le corps, me disait-il, c'est, pour nous autres voleurs, comme l'habit noir de société avec des décorations; plus nous sommes tatoués et plus nous nous estimons; plus un individu est tatoué, plus il a d'autorité sur ses compagnons. Au contraire, celui qui n'est pas bien tatoué ne jouit d'aucune influence, n'est pas tenu pour bon gredin, n'a pas l'estime de la compagnie. »

Un autre aussi me disait : « Bien souvent, quand nous allons chez les filles, en nous voyant ainsi couverts de tatouages, elles nous comblent de cadeaux et nous donnent de l'argent au lieu d'en exiger. »

Si tout cela n'est pas de l'atavisme, l'atavisme n'existe pas dans la science.

Certainement, on peut dire de celui-ci, comme de tous les autres caractères des criminels, qu'on peut le rencontrer chez les gens normaux; mais c'est la proportion, la diffusion et l'intensité qui sont bien plus saillantes, c'est la nuance spécifique, la couleur locale du cynisme, la vanité inutile et imprudente du crime, qui manquent chez les hommes honnêtes.

Mais on nous objectera que cela n'est pas de la psychologie et que c'est seulement avec elle qu'on peut tracer le portrait de l'homme criminel.

Je pourrais bien répondre que ces tatouages sont de véritables phénomènes psychologiques; j'ajouterai que M. Ferri, dans les préliminaires de son ouvrage sur les homicides, nous a donné, avec une vraie psychologie statistique, l'analyse de tous les penchants criminels et de leur contenance avant et après le crime. Parmi les criminels-nés, par exemple, 42 p. 100 nient toujours le crime, tandis que parmi les criminels d'occasion les auteurs de blessures surtout, 21 p. 100 seulement nient tout : des premiers 1 p. 100, des seconds 2 p. 100 avouent en pleurant, etc. [1].

(1) *L'Omicidio*. Torino, 1890.

CHAPITRE III

GÉNÉRALITÉS. — PATHOLOGIE DE L'HOMME CRIMINEL

Les *criminels d'occasion* [1] on *criminoloïdes* m'ont montré (comme on dirait dans le langage bactériologique) atténués, mais pourtant bien visibles, les caractères des criminels-nés. La sensibilité y est moins obtuse, les réflexes moins irréguliers, les anomalies moins fréquentes, surtout dans le crâne ; mais ils ont, toutefois, quelques caractères personnels, comme les cheveux plus noirs chez les voleurs domestiques, la gaucherie plus fréquente chez les escrocs ; chez tous on trouve une grande impulsivité, et, ce qu'on attendait le moins, une plus grande précocité. Ils présentent aussi plus de récidives.

Il suffirait de citer les filous et les coupeurs de bourse qui sont les plus jeunes, les plus réci-

____

(1) Voir : *L'uomo delinquente,* IIe vol., 3e édit., 1889.

divistes et pourtant les moins entachés de caractères dégénératifs et héréditaires, de tous les criminels.

Le délinquant-né aussi bien que le délinquant d'habitude, différerait selon Ferri, du délinquant d'occasion, parce que le premier est poussé au crime par une force intérieure, acquise ou innée, d'où lui vient l'étrange plaisir qu'il goûte à mal faire; tandis que le dernier, quand une force extérieure le pousse, n'est pas retenu dans l'honnêteté par une répugnance suffisante. Toutefois, selon moi, ce n'est que question de degrés; de même qu'au-dessus du crétin, il y a les demi-crétins, les crétineux, il y a le criminoloïde au-dessus du criminel-né; c'est un homme qui ne se laisse entraîner au crime que dans les grandes occasions. Le malheur est que l'occasion est toujours le point de départ d'une habitude : et le défaut de répugnance conduit, par la répétition des mêmes actes, à y trouver une jouissance de plus en plus vive.

On se demande, en effet, pourquoi tous les hommes qui reçoivent une offense ne réagissent pas en tuant l'offenseur ?

Pourquoi tous ceux qui se savent trahis par leur femme ne la tuent pas ?

L'occasion ne fait pas le larron, elle le révèle,

a dit très bien M. Garofalo (*Criminologie*, 1889). L'occasion n'agit que par sa rencontre avec une disposition interne du sujet, disposition produite soit par l'hérédité, soit par l'éducation, soit plutôt par une combinaison des deux, mais, en tout cas, par une action directe ou indirecte du milieu social dans lequel les ancêtres de l'individu ont été baignés comme lui-même toute leur vie.

Le criminel latent [1], honnête par accident, ou en apparence, est le contre-pied du criminel d'occasion. Les politiciens y sont très nombreux. Assez souvent c'est la politique, la lutte sociale, comme parfois la religion, qui sert de soupape de sûreté et encore plus de verni aux tendances criminelles, grâce au misonéisme moindre qui rend le criminel plus disposé que l'honnête homme à accueillir les nouveautés (p. 133). On s'explique ainsi pourquoi des hommes qui présentent « le type criminel très caractérisé et des anomalies névropathiques très marquées », non seulement n'ont commis aucun délit de droit commun, « mais encore sont dévoués avec une abnégation extraordinaire aux fonctions politiques ».

On s'explique aussi bien en vertu de quelle

(1) Lombroso. *Uomo delinquente*, II° vol., 1889. Je copie dans ce résumé, la belle revue critique de Tarde. (*R. Philosophique*, 1889, n° 11.)

affinité profonde les détenus politiques se sentent souvent attirés dans les prisons, comme l'a observé l'un deux, vers les détenus ordinaires. Du reste il leur arrive souvent de franchir le Rubicon du délit vulgaire. Dans l'histoire de nos révolutions françaises, des troubles irlandais, des anciennes émeutes de Florence, bien nombreux sont les hommes d'Etat qui ont été voleurs, assassins, et longue en est la liste. Heureux malfaiteurs, au demeurant! Ils narguent la justice (Tarde).

Dans l'état de vraie oligarchie avocatesque où se trouvent les sociétés européennnes, la dénonciation de leurs méfaits tournerait au détriment de l'accusateur. Moi-même, je pourrais citer quelques complices ou chefs notoirement connus de certaines camorres, et notamment un collègue qui m'a volé, enfant, jeune homme, homme mûr, et qui a tous les caractères du criminel-né, tout en restant très honoré.

MATTOÏDES. — Non seulement il y a des folies spécialement adaptées à chaque espèce de délit, mais encore, parmi les folies d'autre nature, il n'y en a pas une qui ne paie son tribut criminel plus ou moins considérable. Au nombre de celles-ci, le mattoïdisme mérite une place à part. Combinaison d'imbécillité et de mégalomanie, il consiste en une bouffissure extravagante d'orgueil et d'ambition, dans une tête faible. Le mattoïde, est le produit d'une civilisation hâtive et factice. Il change souvent de métier, comme d'ailleurs, la plupart des délinquants. Il est processif, polémiste enragé, tourmenté d'idées fixes enrichies de développements contradictoires. Il a presque toujours la physionomie et le crâne normaux; il prédomine constamment chez les hommes; je ne trouve dans toute l'Europe qu'un exemple féminin, Mlle Louise Michel ; il apparaît surtout dans les grandes villes, douloureusement fatiguées par la civilisation. Il conserve souvent les affections de famille, et même un amour de l'humanité en général, qui va jusqu'à l'altruisme exagéré, quoiqu'il entre dans leur altruisme une forte dose de vanité.

Les mattoïdes ont la conviction exagérée de leur mérite personnel, de leur propre importance, avec ce trait spécial que cette opinion apparaît plus dans leurs écrits que dans les actes de leur vie et dans leur langage, si bien qu'ils ne témoignent point d'irritation à l'égard de la contradiction et des tristesses de la vie pratique.

Dans leurs écrits, on trouve la recherche de l'absurde, la contradiction continuelle, la prolixité, et une tendance qui l'emporte sur toutes les autres, la vanité.

Dans tous on constate plutôt le manque que

l'exubérance dinspiration. Démoralisé par hypertrophie du moi, ils partagent avec le génie l'aptitude à s'affranchir de la tradition et de la coutume, du misonéisme populaire. Aussi peuvent-ils jouer un certain rôle politique.

Beaucoup de régicides et de présidenticides ont été mattoïdes ; beaucoup de chefs de parti pareillement [1]. Eux aussi ont puisé bien souvent leur délictuosité à la grande source épileptique. Guiteau, par exemple, en tuant le président Garfield, semble avoir cédé à une crise épileptoïde dont ce meurtre a été le dénouement. — Mais n'oublions pas qu'il y a aussi de bons mattoïdes, par exemple Don Quichotte.

(1) Cela est confirmé par la belle-monographie de Regis, *les régicides* 1890. *Lyon*.

CHAPITRE IV

LES ÉPILEPTIQUES ET LES CRIMINELS

I

Le problème le plus important, résolu seulement à moitié, au Congrès de Rome, celui de la concomitance de l'épilepsie avec la criminalité congénitale, a été maintenant complété par les études de Verga, Pinèro, Brunati, Marro, Gonzales, Tonnino, Lucas et par les miennes.

La série des cas d'épilepsie larvée avec conscience presque complète, s'est complétée par les études généalogiques des familles épileptiques, par leur filiation (Marro) de criminels, de phtisiques et de parents vieux (Marro).

Il faut aussi y ajouter les nouvelles études de Venturi sur la *folie transitoire* (1888), de Krafft Ebing sur les *psychopathies sexuelles*, que nous avons prouvées se rapprocher bien des fois, par leur intermittence, de l'amnésie des épileptiques[1].

(1) *Uomo delinquente*, tome II, 1890.

La ressemblance des criminels avec les épileptiques se trouve aussi dans le retard de la calvitie et de la canitie, et dans les analogies de l'échange moléculaire ; elle se complète par la statistique qui nous montre, selon Alongi 14 p. 100, selon Marro 12 p. 100 et selon Ross jusqu'à 33 p. 100 d'épilepsie convulsive chez les criminels.

J'ai trouvé chez tous les deux la tendance au vagabondage, l'obscénité, la paresse, la vanité du délit, la graphomanie, l'argot, le tatouage, la dissimulation, l'absence de caractère, l'irritabilité instantanée, la mégalomanie, l'intermittence dans les sentiments et dans l'intelligence, la lâcheté ; même retard dans l'équation personnelle relativement aux gens normalement constitués. Même vanité. Même penchant à se contredire et à tout exagérer. Même irritabilité morbide, caractère mauvais, lunatique et soupçonneux.

J'ai moi-même et avec mon collègue Frigerio observé que les jours d'orage, où les accès des épileptiques deviennent plus fréquents, les hôtes des prisons deviennent plus dangereux, déchirent leurs vêtements, brisent leur mobilier, frappent leurs surveillants. Dans certains cas, il y a chez les fous moraux et chez les coupables-nés une sorte d'*aura* qui précède le délit et le fait pressentir; il y avait, par exemple, un jeune homme dont la famille s'apercevait qu'il méditait un vol quand il portait continuellement la main au nez, habitude qui finit par le lui déformer. Quant à l'éclipse de mémoire après l'accès délictueux, elle a été observée par Bianchi sur quatre fous moraux, et l'on sait aussi que les enfants, ces criminels temporaires, ont l'oubli facile de leurs méfaits.

Dernièrement Agostini vient de combler la seule lacune qui, peut-être, pouvait faire douter de cette analogie.

II

Agostini [1] a examiné la sensibilité chez 30 épileptiques avant et après l'accès. Le nombre de ses observations monte à 103.

Il en conclut : que la sensibilité générale est moindre dans les épileptiques que dans l'homme sain ; elle présente chez eux des phénomènes de latéralité, qui sont en rapport avec la plagiocéphalie et avec l'augmentation d'excitation dans

(1) *Sur les variations de la sensibilité générale chez les épileptiques.* Florence, 1889.

un des hémisphères ; cette différence augmente après les convulsions.

Les réflexes cutanés sont plus faibles, mais après l'accès ils deviennent plus vifs que dans les individus sains. La sensibilité du goût, du tact, de l'odorat, est toujours amoindrie, de même que la sensibilité électrique. Au contraire l'acuité visuelle et le sens chromatique sont presque normaux, sauf le rétrécissement du champ visuel après l'accès.

Tout cela est tout à fait semblable à ce qu'on observe dans les fous moraux et dans les criminels-nés.

Mais le rôle de l'épilepsie s'étend bien loin, chez les alcooliques, chez les hystériques, chez les psychopathes sexuels, chez les fous : il suffit de lire tout ce qu'autrefois on disait des monomanes homicides pour y retrouver les caractères de l'épilepsie psychique. Son rôle va plus loin encore, jusqu'à nous donner, peut-être, la clef du mystère du génie — ce qui nous sera bien utile pour éclaircir les cas des criminels de génie, et les intermittences géniales de bien des fous moraux et des coupables.

Aujourd'hui [1], en effet, d'après les études en-

(1) Voir mon *Homme de Génie*, 1888.

tièrement concordantes des cliniciens et des expéri-
mentateurs, l'épilepsie se résout en une irritation
localisée de l'écorce cérébrale, se manifestant
avec des accès tantôt instantanés, tantôt prolongés,
mais toujours intermittents et reposant toujours
sur un fond dégénératif, soit héréditaire, soit pré-
disposé à l'irritation par l'alcool ou par des lésions
craniennes, etc. — Nous entrevoyons alors une
autre conclusion que j'ai essayé de prouver dans
mon *Homme de Génie :* c'est que la création
géniale puisse être une forme de psychose dégéné-
rative appartenant à la famille des *épilepsies.* Ce
qui le prouverait, c'est que l'homme de génie
dérive fréquemment d'alcooliques, de vieillards,
d'aliénés[1]; c'est l'apparition du génie à la suite
de lésions à la tête ; ou avec de fréquentes anomalies, spécialement l'asymétrie cranienne ou
le crâne de capacité tantôt trop grande et tantôt trop faible; c'est la fréquence de la folie morale chez le génie, à laquelle s'ajoutent aussi souvent les hallucinations, la précocité vénérienne et
intellectuelle, et non rarement le somnambu-
lisme ; la fréquence du suicide qui est, d'autre
part, très commun chez les épileptiques[2], l'inter-

____

(1) Voir l'*Homme criminel,* 1888, et l'*Homme de Génie,* p. 10,
16, 187, 194, 196.

(2) Voir l'*Homme criminel,* p. 601.

mittence et surtout les amnésies et les analgésies, la tendance fréquente au vagabondage, la religiosité qui se manifeste jusque chez les athées comme chez Comte, les étranges terreurs dont souvent (W. Scott, Byron, Haller) ils sont saisis, la double personnalité, la multiplicité des délires simultanés, si commune chez les épileptiques[1], et que nous avons vue être presque constante chez eux ; la fréquence des délires, même produits par des causes minimes, et le même *misonéisme*, le même rapport avec la criminalité, dont le trait d'union se trouve dans la folie morale. Ajoutez-y l'origine et la descendance de criminels et d'imbéciles[2] qu'on trouve constamment dans les familles ayant des génies ou des épileptiques, et qui peuvent être constatées dans les tableaux cités des familles des Césars et de Charles V[3] ; la passion étrange pour les bêtes que j'ai trouvée aussi souvent chez les dégénérés, et surtout chez les épileptiques .

(1) *Encéphale*, n° 5, 1887.

(2) Voir les tableaux dans Dejerine, ouvr. cité.

(3) *Homme Criminel*, p. 599. — Mahomet avait une prédilection étrange pour son singe ; Richelieu pour son écureuil ; Crebillon, Helvetius, Bentham, Erskine pour les chats : ce dernier aussi pour une sangsue !! Schopenhauer pour les chiens qu'il a nommés ses héritiers. Byron avait une vraie ménagerie avec 10 chevaux, 8 chiens, 3 singes, 5 chats, 5 paons, 1 aigle, 1 ours ; Alfieri pour ses chevaux. (Smiles, ouvr. cité.)

Les distractions célèbres des grands hommes ne sont très souvent, écrit Tonnini, que de simples absences épileptiques [1].

Mais ce qui le prouve plus encore, c'est cette insensibilité affective, cette perte de sens moral qui est générale chez tous les génies aliénés et non aliénés, et qui fait de nos grands conquérants des brigands sur une large échelle [2].

De telles conclusions pourraient sembler étranges à ceux qui ne savent point combien est étendu le domaine de l'épilepsie ; aujourd'hui, on sait que des hémicranies, des scialorrées intermittentes et de simples amnésies doivent être rattachées à l'épilepsie ; de très nombreuses formes monomaniaques ne sont pas des épilepsies larvées, puisque leur apparition, comme l'a montré Savage, fait souvent disparaître toute trace de l'épilepsie préexistente. Il suffirait de rappeler ici la foule des hommes de génie de premier ordre qui ont été saisis d'épilepsie motrice, ou de ce vertige, ou de cette rage morbide qui n'en sont qu'une variante, un équivalent ; ces hommes sont : Napoléon, Molière, Jules César, Pétrarque, Pierre le Grand, Mahomet, Haendel, Swift.

____

(1) Les *Epilepsies*, p. 19. Turin, 1886.

(2) *Homme de génie*, p. 53, 54. — Newton, Darwin, Swift, W. Scott étaient atteints de vertiges (Smiles. Ouvr. cité).

Richelieu, Charles V, Flaubert, Dostojewski et saint Paul [1].

Maintenant, pour qui connaît la loi binaire ou sérielle de la statistique, suivant laquelle il ne se produit aucun phénomène qui ne soit l'expression d'une série nombreuse de faits analogues, mais distincts, une telle fréquence de l'épilepsie chez des hommes — grands parmi les grands — doit nous en faire soupçonner la diffusion bien plus vaste parmi tous les autres hommes de génie, qu'on ne le croirait tout d'abord, et nous aider à saisir la conception de la nature épileptique du génie.

A cet égard, il est important de remarquer aussi comment, chez ces grands hommes malades, la forme convulsive de l'épilepsie est apparue très rarement; or on sait que les épileptiques, dont la convulsion est plus rare, présentent l'équivalent psychique qui est ici la création géniale plus fréquente et plus intense.

Mais le parallélisme du génie avec l'épilepsie nous est prouvé surtout par l'analogie de l'accès épileptique avec le moment de l'inspiration, par cette inconscience active et puissante qui crée dans l'un et produit des convulsions dans les autres.

(1) Voir *Homme criminel*, parte III, p. 623.

Et ce qui complète la démonstration, c'est l'analyse de l'inspiration créatrice qui, même aux yeux de ceux qui ignoraient les récentes découvertes sur la nature de l'épilepsie, la leur manifeste[1] ; non seulement elle s'associe fréquemment à l'insensibilité dolorifique, non seulement il y a l'irrégularité du pouls, l'inconscience souvent somnambulique de l'instantanéité, de l'intermittence, mais encore elle s'accompagne de mouvements convulsifs, elle est suivie souvent d'amnésie, elle est souvent provoquée par des substances, ou par des conditions qui produisent ou augmentent l'hypérémie cérébrale, ou par des sensations puissantes, et enfin elle peut se transformer en hallucinations ou leur succéder.

Cette ressemblance de l'inspiration avec l'accès épileptique nous est corroborée par une

---

(1) « Il y a une fatalité (écrit de Goncourt) dans le premier hasard qui vous dicte l'idée. Puis c'est un e force *inconnue, une volonté supérieure,* une sorte de nécessité d'écrire qui vous commandent l'œuvre et vous mènent la plume ; si bien que quelquefois le livre qui vous sort des mains, ne vous semble pas sorti de vous-même ; il vous étonne comme quelque chose qui était en vous et dont vous n'aviez pas conscience. C'est l'impression que j'éprouve devant *Sœur Philomène.* » *Journal des Goncourt.* Paris, 1888.

Buffon même qui avait dit : *que l'invention dépend de la patience* ajoute : il faut regarder longtemps son sujet : alors il se déroule et se développe peu à peu : *vous sentez un petit coup* d'électricité qui vous frappe à la tête, et en même temps vous saisit le cœur ; voilà le moment du génie.

preuve plus directe, plus intime, les confessions mêmes des grands épileptiques, qui nous montrent comment l'un se confond complètement avec l'autre. Telles sont les confessions de Goncourt, de Buffon, et surtout de Mahomet et de Dostojewski.

« Il y a des moments, écrit ce dernier, et cela ne dure que cinq ou six secondes de suite, où vous sentez soudain la présence de l'harmonie éternelle. Ce phénomène n'est ni terrestre, ni céleste, mais c'est quelque chose que l'homme, sous son enveloppe terrestre, ne peut supporter. Il faut se transformer physiquement ou mourir. C'est un sentiment clair et indiscutable...... Le plus terrible, c'est l'effrayante netteté avec laquelle il s'accuse, et la joie dont il vous remplit. Si cet état dure plus de cinq secondes, l'âme ne peut y résister et doit disparaître. »

« Au milieu de l'abattement, du marasme mental, de l'anxiété qu'éprouvait le malade, il y avait des moments où son cerveau s'enflammait tout à coup, pour ainsi dire, et où toutes ses forces vitales atteignaient subitement un degré prodigieux d'intensité. La sensation de la vie, de l'existence consciente, était presque décuplée dans ces instants rapides comme l'éclair. » (Dostojewski, *Bési*.)

Zola, dans les *Romanciers naturalistes*, nous

donne cette confession de Balzac : « L'artiste opère sous l'empire de certaines circonstances, dont la réunion est un mystère. Il ne s'appartient pas, il est le jouet d'une force éminemment capricieuse : tel jour pour un empire il ne toucherait pas son pinceau, il n'écrirait pas une ligne.

« Un soir, au milieu de la sève, un matin en se levant, ou au sein d'une joyeuse orgie, il arrive qu'un charbon ardent touche ce crâne, ces mains, cette langue tout à coup ; un mot réveille les idées, elles naissent, grandissent, fermentent. Tel est l'artiste, humble instrument d'une volonté despotique, il obéit à un maître. »

C'est sans doute à cette même seconde que faisait allusion l'épileptique Mahomet quand il disait « qu'il visitait toutes les demeures d'Allah *en moins de temps qu'il n'en fallait à sa cruche d'eau pour se vider*[1] ».

Rapprochons, maintenant, cette description de l'accès qu'on pourrait appeler psycho-épileptique, et qui correspond exactement à l'idée physiologique de l'épilepsie (irritation corticale) avec toutes les descriptions que les auteurs eux-mêmes nous ont donnée de l'inspiration géniale,

____

(1) Th. Dostojewski. *L'Idiot.* Paris.

et nous verrons combien est parfaite la correspondance qui existe entre ces deux phénomènes.

Ajoutons que pour certains d'entre eux, ce n'est pas seulement quelque rare paroxysme, mais l'existence entière qui rappelle la symptomatologie psychique de l'épileptique. — Bourget observe que « pour les Goncourt, la vie se réduit à une série d'attaques d'épilepsie entre deux néants ». (*Nouveaux essais de psychologie*, 1888, p. 179.) Et les Goncourt ont fait toujours de l'autobiographie. — Mais il suffira, pour tous, de jeter un coup d'œil sur le tableau que nous trace Taine, du plus grand des conquérants modernes, et sur le portrait que nous donne Renan du plus grand des apôtres. Toutes ces analogies nous expliquent comment on peut trouver une grande intelligence chez les criminels-nés, qui sont pourtant des imbéciles moraux, des idiots du sentiment.

III

Passons aux délinquants *per impeto*, c'est-à-dire par éclat de passion, par coup de foudre. Leur proportion est très mince, 5 à 6 p. 100.

Ils sont très jeunes, de dix-huit à vingt-cinq ans ; plus nombreux parmi les femmes que dans notre sexe ; très honnêtes au fond, très sensibles. Leur repentir après le crime va jusqu'au suicide. Beaucoup de délinquants politiques et de mères infanticides peuvent être rangés dans cette catégorie.

Ils n'en sont pas moins, eux-mêmes, souvent des épileptiques dissimulés. Tel était ce jeune homme qui, pour se venger des refus de sa maîtresse, l'attendit, la tua en plein jour au milieu de ses amies, puis se jeta sur son cadavre qu'il couvrit de baisers et dont il fut impossible, pendant des heures, de le détacher[1].

L'instantanéité, l'inconscience dans l'acte incriminé, l'éréthisme, la sensibilité exagérée dont ces gens sont dotés absolument comme quelques épileptiques, sont les anneaux qui renouent les deux phénomènes.

Mais pour mieux saisir cette analogie, il faut se souvenir d'une belle découverte qu'on doit au Dr Féré.

M. Ch. Féré[2] avait déjà constaté que, chez les épileptiques, pendant l'aura, la pression artérielle (mesurée à l'aide du sphygmographe de M. Bloch)

(1) *Archivio di Psichiatria,* 1888.
(2) *Revue scientifique,* 1889.

augmentait de 200 à 300 grammes. Cette pression forte se maintient pendant la période convulsive, puis tombe au-dessous de la normale, quand l'accès est terminé, et peut rester alors, pendant plusieurs jours, de 300 à 400 grammes inférieure à la normale. Dans le simple vertige épileptique, les mêmes modifications s'observent, mais elles sont moins durables. Suivant ces indications, M. Féré était arrivé, en diminuant la pression sanguine par une application de la ventouse de Junod ou par des bains sinapisés, à suspendre les attaques, chez des épileptiques, dans le cours d'accès sériels, et il tirait des résultats ainsi observés cette conclusion, que l'augmentation de pression paraît être une des conditions physiologiques de la production des paroxysmes épileptiques sous toutes leurs formes.

Or les rapports qui existent entre les paroxysmes épileptiques et l'augmentation de la pression artérielle expliquent comment les efforts violents, les émotions vives peuvent jouer un rôle important comme cause déterminante des accès. En effet, il existe, dans ces conditions, une augmentation de pression bien connue quand il s'agit de l'effort, et que M. Féré, dans des recherches récentes, a également constatée et étudiée dans certaines émotions.

D'une part, lors de ces mouvements de colère auxquels sont sujets les épileptiques à propos de la moindre provocation, cet observateur a pu enregistrer une augmentation de pression qui peut atteindre les chiffres trouvés au début de l'accès proprement dit, ce qui justifie le rapprochement qui a été fait entre la colère et les paroxysmes psychiques chez les épileptiques; mais il a constaté, d'autre part, que cette modification de la tension artérielle se retrouve dans la colère simple, chez tous les individus. Ayant eu l'occasion entre autres, d'examiner un cocher à la fin d'une querelle, M. Féré a trouvé que cet homme marquait une pression de 1,100 grammes. Il n'avait plus que 800 grammes une heure après.

Ces chiffres montrent que, sous l'influence de la colère, la pression artérielle peut augmenter d'un quart. On peut comprendre ainsi le rôle de cette émotion et des émotions analogues dans la production des ruptures des vaisseaux ou du cœur, lorsqu'il existe préalablement des altérations de structure de ces organes.

Ces observations, qui mettent en évidence la similitude des phénomènes physiologiques qui accompagnent les décharges émotionnelles et les décharges convulsives, prouvent, en toute rigueur, qu'il n'y a pas de distinction fondamentale à établir entre ces deux manières d'être; ce que prouve Venturi[1] par ses études sur ce qu'il appelle le tempérament épileptique, outrancier, excessif en tout; on voit alors qu'aux mouvements peu violents, à la rougeur, aux larmes, aux jugements des personnes en état normal, correspondent les convulsions, les hallucinations, la fureur, la congestion, le délire de l'épileptique. C'est question de degrés.

On ne doit pas oublier non plus qu'il y a une forme d'épilepsie sans convulsion, consistant en vertiges. Cette dernière, la plus profondément perturbatrice, d'après Esquirol, s'accompagne, plus fréquemment que l'autre, de tendances vénériennes, homicides, frauduleuses, incendiaires, chez des gens réputés honnêtes avant qu'ils fussent malades. Toutes les fois qu'on observe, chez les jeunes délinquants surtout, une certaine périodicité intermittente, des impulsions délictueuses, il y a lieu de soupçonner leur nature épileptique. D'après Trousseau, quand un individu, sans motifs, commet un homicide, on peut affirmer qu'il a agi sous l'influence de l'épilepsie.

(1) *Archivio di Psichiatria*, 1889.

IV

Sergi, dans une de ses dernières publications : *Les dégénérations humaines*[1], place les criminels au nombre des dégénérés ; il va même jusqu'à affirmer qu'ils sont la synthèse de toute dégénération ; des formes les moins nettes jusqu'aux plus accentuées, des caractères physiques jusqu'aux caractères psychiques, la manifestation de la criminalité est multiforme et variée. De fait, selon lui, il n'est pas d'anomalie, pas de maladie ou autre dégénérescence physique et mentale qui ne se retrouve chez le criminel.

Il importe cependant d'avertir le lecteur que Sergi fonde une conception de la dégénération individuelle et des causes qui la produisent, sur le principe darwinien de la survivance, l'un des facteurs essentiels de la lutte pour l'existence. Il a constaté cette survivance même parmi les faibles, qui ne périssent pas tous, ainsi qu'on serait tenté de le croire au premier abord ; les faibles survivant se contentent, toutefois, d'occuper une position inférieure, et sont par conséquent des êtres

[1] Milan. *Bibliothèque scientifique intern.* 1888.

inférieurs en regard de ceux qui occupent une position normale, c'est-à-dire des forts.

Les conditions extérieures de la dégénération se trouvent dans le milieu ambiant, tant physique que social. Parmi les causes internes, il faut mentionner tout d'abord l'hérédité. Cependant on voit toutes les causes, tant extérieures qu'intérieures, s'entre-croiser et exercer toutes ensemble une action commune, de façon que l'activité de chacune en particulier devient à peu près impossible à préciser.

S'il ne s'agit pas toujours, dans les criminels, de dégénérescence physique dans le développement général du corps, ou de quelque maladie héréditaire ou acquise, la dégénérescence est fonctionnelle et se manifeste par des causes externes qui troublent le fonctionnement régulier des éléments vitaux. Si la dégénération n'accuse pas des conditions externes immédiates, elle accuse l'hérédité ; et si ni l'une ni l'autre de ces causes ne se manifeste d'une manière apparente, d'autres conditions se rencontrent dans le milieu social et dans le cours de la vie individuelle, qui influent sur la décadence du caractère psychologique, de façon à produire une décadence finale dans les conditions somatiques ; il n'est pas du reste, dans les relations sociales, de circonstance infime qui n'exerce, selon Sergi, une influence fatale sur la conduite.

Mais en disant que le criminel est un dégénéré, nous n'avons fait, écrit Sergi, qu'employer une expression essentiellement générique pour l'étiologie du crime ; en disant qu'il existe des causes soit extérieures, soit intérieures, qui occasionnent la dégénération dans laquelle tombe le délinquant, nous n'avons fait que formuler une notion générale qui peut s'appliquer également aux autres catégories de dégénérés, non criminels.

Qu'il y ait ou non accompagnement de désordres mentaux chez le délinquant, le processus psychique du crime devra toujours être considéré comme morbide. Et à défaut d'autres preuves, il s'en trouverait une de grande valeur dans la transformation des processus psychiques morbides par le moyen de l'hérédité, par laquelle le crime, la folie, le suicide se trouvent intimement liés entre eux. Des criminels et des fous peuvent descendre d'individus portés au suicide ; des fous peuvent donner naissance à des criminels et à des suicides ; des criminels, enfin, peuvent engendrer des suicides et des fous, souvent sans type spécifique ni de maladie mentale, ni de criminalité. Ce qui revient à dire qu'il y a transformation du caractère morbide et non annulation de l'essence morbide.

Cette forme cyclique, héréditaire, rend compte des faits et des conditions des faits sur lesquels on discute pour l'interprétation de la nature de la criminalité. Il est excessivement rare de rencontrer dans l'*anamnèse* d'un délinquant une hérédité morbide qui ne soit pas celle du crime, du suicide, de la folie ou de quelque affection morbide ayant de l'affinité avec celles-là, l'épilepsie, par exemple, l'idiotisme et leurs congénères.

La dégénération mentale, donc, choisit dans l'hérédité des formes multiples et variées, en se transformant. Mais un fait singulier, c'est que cette dégénération s'associe à la dégénération physique de tous les types, à celle en particulier qui assume des formes pathologiques générales.

Ces faits une fois constatés, un nouveau problème se présente. Ce processus morbide du criminel a-t-il un caractère spécifique qui serait déterminé par l'influence d'autres formes morbides ? Est-il un phénomène psycho-pathologique ayant des caractères propres, phénomène qui paraît parfois isolé, sans concomitance d'autres affections psychiques ou d'autres maladies congénitales ou acquises ? Ou bien est-il purement et simplement une conséquence, un effet de l'influence pathologique générale sur les fonctions psycho-cérébrales ?

Voici comment il répond lui-même à sa propre demande :

Il est prouvé que les aliénés n'ont pas tous des impulsions criminelles; de même que les individus qui se trouvent dans des conditions morbides d'une nature différente ne présentent pas tous des tendances au crime. Cependant il est des criminels, qui, sans donner l'indice de maladies mentales, ont néanmoins des anomalies pathologiques, athosiques ou fonctionnelles qui supposent naturellement l'existence de structures vicieuses latentes. Il en conclut : 1° que chez certains individus seulement les processus morbides déterminent un nouveau processus pathologique qui a pour effet direct la criminalité; 2° que ce qui peut déterminer ce processus spécial à tendance criminelle, dérive directement de conditions cérébrales, comme dans les maladies mentales, et indirectement d'autres conditions morbides qui influent sur les fonctions du cerveau; 3° que chez d'autres individus, ce processus pathologique à tendance criminelle se développe en concomitance des maladies mentales proprement dites et de l'épilepsie qui troublent les fonctions normales du cerveau, les détériorent et y causent des déviations plus encore que les autres maladies; 4° que ce processus pathologique du crime, comme celui des autres affections mentales, empêche la formation d'un organisme de caractère.

Ainsi le criminel paraîtrait avoir une condition pathologique spéciale, déterminée dans la plupart des cas par d'autres processus ou d'autres conditions spéciales. Cette conception se trouverait en connexité avec le fait de la transformation dans l'hérédité morbide, folie, suicide, épilepsie, criminalité et autres manifestations diverses.

V

M. Virgilio, dans une étude faite récemment sur Passanante, le mattoïde régicide dont j'ai fait la diagnose il y a douze ans, arrive à ces conclusions fort importantes sur la nature de la criminalité[1].

1° Les tendances criminelles se transmettant héréditairement des parents aux enfants, et des survivants aux diverses branches directes et collatérales, il y a lieu de croire que les tendances criminelles sont la révélation d'une organisation particulière.

______

(1) *Giovanni Passanante e la natura morbosa del delitto.* Roma, Loescher, 1888.

2° Cette organisation doit être considérée comme anormale pour autant qu'elle porte l'empreinte de toutes ces marques dégénératives qui prouvent que l'embryogénésie et le développement ultérieur de l'homme s'éloignent extrêmement de l'individu physiologique.

3° La criminalité poussant fort souvent sur un terrain héréditaire, plus ou moins voisin de la folie, on la voit, comme celle-ci, pulluler et s'élever fréquemment des bas-fonds d'une race criminelle ; force est donc d'admettre que l'origine des deux faits est identique et a sa source dans un caractère psychique anormal qui s'affirme tantôt par l'une, tantôt par l'autre de ces manifestations.

4° Qu'il en soit réellement ainsi, cela est prouvé doublement; d'abord, par le fait que la folie éclate souvent au milieu d'une carrière criminelle, puis par l'apparition de tendances criminelles au cours de diverses maladies mentales qui ne portent en elles-mêmes aucune raison pathologique de se manifester par des actes criminels.

5° Etant donnée l'hérédité d'origine des deux faits, leur nature intrinsèque devrait nécessairement être identique aussi. Or, la folie étant une maladie, la nature de la criminalité ne pourrait être que morbide également.

VI

De nouvelles études de M. Rossi nous apprennent, avec une précision mathématique (*Arch. de psych.*, VIII), la concordance exacte des crimes de rébellion, meurtre et viol avec le degré de latitude, abstraction faite, bien entendu, des grandes villes où tant d'influences se mêlent pour entraver l'action du climat. Cette même influence, on peut la suivre dans les émeutes qui ne sont bien souvent que des rébellions sur grande échelle. (Voyez le tableau de la page suivante.)

Des belles études de Corre (*Les criminels dans les pays créoles*, 1889 ; *Archives d'anthropologie criminelle*, 1889), il résulte que la criminalité est, dans les pays chauds, deux fois plus forte au cours de la saison fraîche que pendant la saison des chaleurs.

Cet excès est, selon Corre, dû à une prédominance relative des crimes-propriétés, si l'on tient compte des incendies très nombreux ; mais si, à l'exemple de plusieurs criminalistes, on met à part le crime d'incendie, attentat de nature mixte, s'adressant même plutôt à la personne qu'à la propriété, c'est bien par une prédomi-

DEGRÉS de latitude.	ESPAGNE [1]		ITALIE [2]		FRANCE [3]		ANGLETERRE [4]		
	rébellions	crimes contre les personnes	rébellions	meurtres et assassinats.	crimes contre les personnes	assassinats.	crimes contre les personnes	assassinats	viol.
Du 36e au 37e.	14	7,43	—	—	—	—	—	—	—
» 37e » 38e.	12	112,1	36,7	39,9	—	—	—	—	—
» 38e » 39e.	9	58,5	42.0	32,8	—	—	—	—	—
» 39e » 40e.	8	48.4	30,6	30,0	—	—	—	—	—
» 40e » 41e.	11	72,4 [5]	37,8	31,0 [7]	—	—	—	—	—
» 41e » 42e.	9	39,7 [6]	36,8	28,7	—	—	—	—	—
» 42e » 43e.	6	31,2	32,7	20,9	3 138	3 922	—	—	—
» 43e » 44e.	5	29,7	18,7	14,1	1 079	1 024	—	—	—
» 44e » 45e.	—	—	19,8	9,2	1 160	1 419	—	—	—
» 45e » 46o.	—	—	19 2	5,8	834	893	—	—	—
» 46e » 47e.	—	—	16,2	5,8	697	619	—	—	—
» 47e » 48e.	—	—	—	—	852	744	—	—	—
» 48e » 49e.	—	—	—	—	916	716 [8]	—	—	—
» 49e » 50e.	—	—	—	—	743	660	—	—	—
» 50e » 51e.	—	—	—	—	513	461	895	889	1 086
» 51e » 52e.	—	—	—	—	—	—	1 142	1 174	1 122 [9]
» 52e » 53e.	—	—	—	—	—	—	1 028	1 015	921
» 53e » 54e.	—	—	—	—	—	—	894	954	926
» 54e » 55e.	—	—	—	—	—	—	684	1 037	932
» 55e » 56o.	—	—	—	—	—	—	781	899	870

(1) 1884. Proportions pour 100,000 habitants. — (2) 1873-1883. Proportions pour 100,000 nab. — (3) GUERRY, vingt-trois ans. Rapports du nombre moyen des accusés avec la population moyenne de la même période ; ces rapports étant ensuite eux-mêmes proportionnés avec leur moyenne sur l'unité de 1.000. — (4) GUERRY, seize ans. Rapports du nombre moyen, etc. (*ut supra*). — (5) Madrid. — (6) Barcelone, Saragosse. — (7) Naples, Rome. — (8) Paris. — (9) Londres.

nance notable de la criminalité-personne que se distingue la saison fraîche.

La courbe de la criminalité est surtout en rapport avec celle des minima thermiques, le parallélisme des deux courbes est même remarquable à ce point, qu'on retrouve dans l'une et dans l'autre, les mêmes oscillations de mars à mai, et de juin à août, répondant à des périodes de thermalité régulière, en raison de la variation des brises et des pluies.

Ici, l'on ne peut mettre en avant des influences sociologiques dérivées de l'action climatérique, servant en quelque sorte de régulatrices à la criminalité. Dans les pays intertropicaux, la somme des besoins se maintient égale, c'est-à-dire relativement assez faible, d'un bout à l'autre de l'année.

Dans un milieu intertropical, à température élevée et uniforme, comme la Guadeloupe, la chaleur énerve plus qu'elle ne stimule, affadit plus qu'elle n'excite, et c'est précisément quand elle devient, sinon plus tempérée dans sa moyenne, au moins plus heurtée, grâce à des écarts saisonniers entre ses extrêmes, que l'organisme semble renaître à une vie active ; les énergies cérébrales, en torpeur de juin à novembre, se raniment de décembre à mai, et c'est avec les fraîcheurs du premier semestre que les impulsivités se traduisent avec le plus d'éclat par le crime, chez les natures prédisposées.

M. Corre, dans un autre remarquable ouvrage (*les Criminels*, 1888) a été frappé en comparant les types de mon atlas aux fous et aux dégénérés représentés par Morel et Moreau, des nombreuses analogies que les deux collections présentaient.

Dans cet ordre d'idées, il attache une grande importance à la proportion énorme d'asymétries craniennes ou cérébrales que tous les observateurs ont constatées chez les criminels, comme chez les aliénés.

Elle s'élève d'après ses recherches et celles du Dr Roussel, portant sur 200 sujets, à 60 p. 100 chez les meurtriers, à 63 p. 100 chez les escrocs et les banqueroutiers frauduleux, à 70 p. 100 chez les auteurs d'attentats aux mœurs.

M. Corre signale aussi l'influence homicide des excitations de la presse sur les cervaux prédisposés. Pour un cas où cette influence est indéniable et manifeste, comme dans l'affaire Aubertin, il y en a mille où elle a passé inaperçue sans être moins réelle. Il explique aussi par l'entraînement imitatif, le progrès des récidives et leur précocité croissante. « C'est à l'âge, dit-il, où l'expérience manque « encore et où le cerveau prend et conserve le « mieux les empreintes qu'il reçoit, que la tendance à l'imitation existe à son plus haut degré, « et joue le plus grand rôle en criminalité. » Le rôle de l'imitation a été étudié avec une grande précision par M. Tarde, dans ses derniers travaux criminologiques [1].

(1) Voir *la Criminalité comparée*, 1887. — *Revue philosophique*, 1889.

CHAPITRE V

LES CRIMINELS EN PRISON

I

Pour la bureaucratie des prisons, qui est toujours myope lorsqu'elle n'est pas aveugle, les prisons, les cellulaires surtout, sont de vrais troncs humains, sans mains, sans pieds, sans voix; il n'en est pas de même de leurs malheureux habitants qui sont pourvus d'organes encore plus que peut-être il ne nous conviendrait. Ainsi leur travail, leur voix et même leurs plus secrètes pensées éclatent de tous côtés, sur les murs, sur les bois de lit, sur les pots à boire, sur leur peau, et même sur le sable humide qu'ils foulent dans leur promenade [1].

C'est surtout sur les livres, qu'une pitié bien entendue leur fournit avec une main trop avare, que ces sentiments se manifestent.

Je me suis efforcé de ramasser ces palimpsestes criminels, dans lesquels on ne peut soupçonner la

[1] Voir mes *Palimpsestes des prisons*, Bocca, Turin 1890.

simulation, si fréquente dans les entretiens officiels.

Eh bien ! depuis vingt ans que j'étudie ces gens-là, je n'aurais jamais soupçonné les horreurs que j'y ai trouvées.

Qu'on en juge par ces fragments choisis au hasard :

Malheur à celui qui doit éprouver ces cellules ; il vaut mieux mourir. On doit tout faire pour s'échapper, car il vaut mieux vivre dans les bois comme les sauvages ou dans les déserts.

Quand tu seras interrogé par le juge d'instruction, fais le fou ; alors tu seras envoyé à l'hôpital des fous d'où tu t'échapperas.

Quant à moi, je remercie le bon Dieu ; je suis plus heureux que saint Pierre ! Dans la cellule, je suis servi comme un prince. Quelle cocagne ! on est mieux ici qu'à la campagne.

Sur un livre intitulé : *la Vie de Léonard de Vinci :*

Léonard fut malheureux autant que moi en amour, mais il devint un grand peintre ; — moi je suis devenu un grand voleur, j'ai acquis beaucoup de renommée en faisant enregistrer mon nom et mon beau signalement, dans les prisons, au moins quarante fois, et moi aussi j'ai eu un amour dans ma jeunesse.

Que suis-je, malheureux ! — Je suis innocent et on me tient ici parce que j'ai tué un homme (*sic*), alors qu'au monde il y en a même trop.

Celui qui se fait tuer pour la patrie est un sot.

Satire sur la prison et curieuse réponse d'un autre détenu :

Adieu, Hector ; Achille te salue. — Celui qui est pauvre paie pour tous. Les prisons cellulaires sont le raffinement de la barbarie en plein xixᵉ siècle !

Ce que dit ce détenu n'est pas vrai ; au contraire ils nous traitent trop bien, ils ont trop de soins pour les détenus. Celui-là voudrait peut-être qu'on le laisse aller se promener sur la place du Château, ou aller jouer aux cartes et au billard, ou bien encore aller chez Mᵐᵉ Gastaldi. Ah ! imbécile, tu ne devais pas te laisser pincer entre ces murs !

Un ami de la raison et de la justice.

Oh ! Code pénal ! comme tu punis la filouterie, tandis que le gouvernement avec sa loterie (*le lotto*) pratique lui-même l'escroquerie.

On m'a condamné à 10 ans pour tentative d'homicide sur une femme que je croyais honnête ; elle ne l'était pas et m'avait procuré six mois de prison. En sortant j'ai fait serment de la tuer et je lui ai donné deux coups de couteau. Cette misérable vit encore et je le regrette.

Dès que tu sortiras, va à Marseille, rue de...., nᵒ 9, et ensuite avec le B...., nous irons à New-York, où j'espère que, *travaillant* unis avec énergie, nous ferons fortune.

Ma belle ne vient plus me trouver ; — quand je sortirai, je lui ferai un baiser avec les dents.

Quoique je n'aie que 15 ans, ma vie et mes voyages formeraient un volume. J'ai commencé à 9 ans. La première fois j'ai été condamné à un mois, la deuxième à quinze jours et la troisième à un an de prison.

Espèce de testament dressé avant de se pendre par un détenu, voleur émérite ; il fut sauvé :

J'ai toujours volé et je volerai toujours, parce que c'est mon fatal destin. Le papier sur lequel j'écris est volé, l'encrier et la plume le sont aussi ; même la corde avec laquelle je vais me pendre, je l'ai volée. — Je suis plus malheureux que pervers. J'ai l'infortune de ne pas être maître de ma volonté et de subir l'influence de celle des autres ; je fais également le bien et le mal selon qu'il m'est suggéré. Ah ! pourquoi donc Dieu me fait-il toujours rencontrer des personnes qui me conseillent le mal ? Ayant encore une fois commis une faute dans laquelle j'avais juré de ne plus tomber, et non par ma propre volonté, mais à la suite des suggestions d'un misérable qui volait avec moi et qui a été ensuite, par parti pris, me dénoncer à la police, la certitude que j'ai de ne pouvoir vaincre le vice qui me pousse à envier et à prendre le bien d'autrui, d'avoir été parjure, sachant que je suis inutile et nuisible à la société, devant comparaître devant la cour d'assises et traîner dans la fange le nom que mon père était fier de porter, je suis las de la vie, et pour tous ces motifs et d'autres encore je suis décidé à chercher la mort le 26 mai, parce que c'est l'anniversaire de ma première arrestation.

Voilà déjà quatre fois que je viens ici, toujours innocent et candide comme l'eau sale. Cette fois on m'a arrêté avec une pince-monseigneur. Eh ! pauvres voleurs, quand on les arrête on devrait les envoyer à l'Auberge du Maure et non à la Prison-Neuve. Adieu, mes amis !

Ces gens rient, et moi je soupire en vain pour la liberté. Je suis innocent et ils ne veulent pas le croire. Comment se fait-il que le bon Dieu ne les châtie pas ? C'est donc vrai, le proverbe qui dit : « Celui qui fait le bien trouve le mal, et celui qui fait le mal trouve le bien. » — C'est raide, être innocent et être forcé de rester dans une cellule à soupirer. Ne comprenez-vous pas que je suis innocent, têtes d'ânes? Peut-être voulez-vous me faire crever?

Pourquoi ne puis-je jamais bien réussir dans mes vols? Je suis toujours dans cette infâme cellule pour avoir volé. Pauvre Quajot malheureux!!

Ci-gît la dépouille du pauvre Tubac, qui, las de voler dans ce monde, va voler dans l'autre. — Les parents très contents lui posent ce souvenir.

Votre très affectionné chef de bande Talbot. J'ai toujours été un galant homme et j'ai déjà fait vingt ans de galères. — Je suis de nouveau en prison, et cette fois on me condamnera aux travaux forcés à vie, et tout cela pour avoir fait du bien à mon prochain. Je n'en ai assassiné que six; je les ai ôtés du monde, car ils souffraient trop. J'ai pillé la demeure de plusieurs paysans et puis j'y ai mis le feu. Tout cela pour me gagner du pain perpétuel.

Tâchez toujours de voler beaucoup, car les petits vols sont les plus punis.

Faites attention, ô mes amis, si vous volez, volez beaucoup et avec précautions, de manière à ne pas être découverts. Tout le monde est bon à voler; — c'est pour bien s'en tirer qu'il ne faut pas être sot.

Si Dieu nous a donné des instincts auxquels nous obéissons, il y a des gens qui ont l'instinct de nous emprisonner. Ce monde, donc, est un théâtre pour nous amuser éternellement.

Dès que je sortirai de la prison, je veux toujours voler, même au risque d'être toujours en prison.

O voleur! ces canailles de juges ont ruiné votre métier. Courage quand même et en avant !

Cher ami, je t'envoie ces deux lignes pour te faire savoir que je suis en prison et, comme je suis seul, je te prie de commettre quelque délit afin de venir me trouver, car à deux le temps passe vite, et quand nous serons aux galères nous nous raconterons notre vie.

Adieu, mes amis : faites-vous du courage. Les juges sont une bande de poltrons sans foi : ils ne savent pas ce qu'ils font et ils ne cherchent que de l'argent.

L'homme fourbe et tous ses amis ne doivent plus voler mais assassiner.

Les observations de M. Joly sur les lectures des prisonniers français (*Archiv. d'Anthrop. crim.*, 1888) et surtout les belles études de Gautier, *le Monde des prisons*, 1889, complètent ces documents ; et nous montrent quel foyer de corruption et quelle source d'incorrigibilité sont les prisons qu'on croit la plus sûre des corrections.

II

Voici quelques extraits du livre de M. Gautier.

« De même, écrit-il, que la gymnastique modifie non seulement le volume et la contractilité des muscles, mais aussi leur forme, leurs agencements respectifs dans certaines limites (témoin les fantastiques dislocations des clowns), voire même leur constitution chimique, de même l'incorrection du régime pénitentiaire, l'importunité d'une existence mécanisée par la discipline, la promiscuité des pires hideurs, la monotonie des sensations, la prédominance de la peur et de l'ennui, l'alimentation, l'obligation du silence, l'éclairage lui-même — qui sait? — cet éclairage blafard, ce faux jour spécial aux corridors et aux préaux des geôles, peuvent, à ce qu'il me semble influencer à la longue les visages et les prunelles, comme les cerveaux et les pensées, et finalement aboutir à ces plis de bouche, à ces froncements de sourcils, à ces tics grimaçants, à ces moires du regard, à ces étrangetés de gestes et d'attitudes qui nous étonnent si fort.

« On acquiert, en un mot, à l'ombre des prisons et sous l'influence de la discipline pénitentiaire, l'air prisonnier, comme on acquiert ailleurs, en vertu d'une autre genèse, l'air prêtre, dans lequel l'atavisme n'a pas grand'chose à voir.

« Ce n'est qu'à la condition d'élargir l'hypothèse qu'on réussit à comprendre comment certains détenus, qui ne sont pas cependant irrémédiablement gangrenés, en arrivent à ne plus vivre que par la prison, et à se trouver tellement

dépaysés une fois qu'ils en sont sortis, qu'ils ne tardent guère à y revenir, comme le gibier blessé qui fait la randonnée.

« Je ne parle pas seulement, entendez-moi bien, des monstres dont le crime, avec ses risques, est si bien la carrière, dans la plus stricte acception du mot, qu'ils l'appellent le « travail ». Je ne parle pas seulement de ceux-là, qui, soit prédisposition congénitale, soit dépravation précoce, et n'ayant d'autres ressources que le pillage, la prostitution et l'assassinat, « chourinent » et « grinchissent » comme d'autres débitent le bois, forgent le fer, tissent le drap, piochent la terre ou noircissent du papier, et préparent un vol ou un meurtre avec le sérieux et la placidité d'un négociant en train de méditer une affaire.

« Aux yeux de cette singulière population, — parbleu ! — la prison apparaît comme une fatalité plus ou moins fâcheuse, mais à peu près inévitable, et dont il faut prendre son parti. C'est un inconvénient attaché à la profession. On s'y attend, on s'y résigne à l'avance, comme les routiers et les malandrins du moyen âge s'attendaient et se résignaient à finir, un jour de déveine, branchés haut et court ; comme un fils d'ouvrier ou de paysan s'attend et se résigne à la dure nécessité du service militaire ; comme un mineur s'attend

et se résigne d'avance à une explosion possible
de feu grisou.

« Mais ceux-là mêmes qui, tombés là par hasard, parce que, en un jour néfaste, ils avaient
vu rouge — ou noir — n'ont pu réussir ensuite
à recoudre leur vie désemparée : les faibles, les
ductiles, les veules, les « occasionnels », qui
n'étaient cependant nés ni pour le crime, ni pour
la prison, ceux-là sont bientôt happés également
par l'engrenage.

« — J'ai toujours été frappé, a écrit quelque
part ce fumiste à froid de Jules Vallès, j'ai toujours été frappé de l'air vénérable des vieux forçats.

« Au fond, et abstraction faite de la forme paradoxale de l'idée, rien n'est plus exact.

« L'air vénérable » est peut-être excessif.
C'est « l'air reposé » qu'il eût fallu dire. Et ce
n'est pas étonnant! Avoir son « pain cuit », le
vivre et le couvert assurés, nul souci du lende-
main, aucune autre préoccupation que d'obéir
docilement à la consigne imposée, n'être plus,
comme le chien à qui il suffit de remuer les
pattes pour actionner le tambour du tourne-
broche, que le rouage inconscient d'une machine,
n'est-ce pas là l'idéal pour la masse des incons-
cients et des lâches? Le *nirvâna!* L'automatisme!
Mais c'est le paradis des Hindous!

« Et la prison, c'est, par-dessus le marché, un *nirvâna* « où l'on est nourri » !

« Mal nourri, cela est vrai, et quelque peu humilié et rudoyé... Mais combien de braves gens auxquels la lutte pour l'existence est plus âpre, avec, en moins la sécurité !

« Une fois les premières répulsions apaisées, d'aucuns — et ils sont peut-être la majorité — en arrivent insensiblement à « se faire un avenir » en prison !

« Je ne connais rien, à ce propos, de plus typique que le fait suivant, dont il m'a été donné de contrôler *de visu* et *de auditu* l'authenticité :

« En 1883, le détenu qui remplissait à la prison centrale de Clairvaux les fonctions de comptable général était un nommé J..., d'origine alsacienne, un ancien officier de l'armée, qui, condamné une première fois pour avoir « mangé la grenouille », en était à sa quatrième ou cinquième condamnation.

« Vers la fin de 1883, J..., qui « faisait » cinq ans, était sur son départ, et cela l'ennuyait fort. Pensez donc ! Il avait à Clairvaux une situation vraiment enviable : les « vivres d'hôpital », une liberté relative, la faculté de circuler toute la journée dans toute l'étendue de l'établissement (qui ne compte pas moins de quatre kilomètres

de tour), une grande « considération » de la part
de tout le monde, — de la part des détenus, sur
lesquels ses fonctions lui donnaient une autorité
appréciable, de la part aussi de l'économat, qui
ne pouvait se passer des services d'un homme qui,
par habitude, connaissait mieux que personne le
mécanisme de chacun des services de la maison...

« Aussi J..., ne fit-il ni une ni deux. Il écrivit
au directeur une petite lettre ainsi conçue :

« — Monsieur, vous me connaissez. Vous savez
qui je suis, ce que je vaux et quels services je
puis vous rendre. Or, je vais bientôt être « revomi »
dans le monde, où je ne saurai que faire. Je
n'aurai pas plutôt mangé mon « pécule » à
« faire la fête » une dernière fois, que je me ferai
arrêter derechef. Veuillez, je vous prie, avoir
l'extrême obligeance, aussitôt que j'aurai été re-
condamné à quelques années de prison, de me
réclamer pour Clairvaux — je vous préviendrai
en temps et lieu — et, en attendant, gardez-moi
ma place. Ni vous ni moi n'aurons à nous repentir
de la combinaison. »

D'où cette conclusion paradoxale que la prison
ne produit guère l'effet d'intimidation et d'horreur
qu'on en attend que sur ceux qui en auraient le
moins besoin, sur ceux qui sont le moins exposés
à y aller.

« J'ose même prétendre, ajoute notre auteur, que la prison est une sorte de serre chaude pour plantes vénéneuses, et que c'est là surtout que se recrute et s'exerce la redoutable armée du crime.

« Combien de malheureux qui, pour avoir failli une seule fois, en une heure d'égarement et d'oubli, ont été irrémédiablement perdus, une fois franchi le premier cercle de l'enfer! Ce fut le cas, où peu s'en faut, de tous ceux dont j'ai eu, au cours de cette étude rétrospective, à évoquer le souvenir. Au lieu de les corriger, la prison les avait viciés jusqu'aux moelles — incurablement. Il semble que leur perversité avait grandi avec la peine, et que, dans leur conscience contaminée, la notion du bien et du mal, de plus en plus confuse, tendait à s'effacer. Désormais, ils étaient voués à vivre en marge de la Société, jusqu'à ce que celle-ci les reprit, la main dans le sac ou dans le sang, pour les écraser sans merci, comme des punaises immondes, entre deux pages d'un code qu'on ne leur avait pas donné à lire.

« Tout dans l'organisation actuelle des prisons a été combiné pour aplatir l'individu, annihiler sa pensée, laminer sa volonté. L'uniformité de la règle, qui prétend couler tous les « sujets » dans le même moule, la rigueur calculée et la régularité d'une vie monacale où rien n'est laissé à l'imprévu, l'interdiction d'entretenir avec le dehors d'autres relations que la courte et banale lettre mensuelle, tout, dis-je, jusqu'à ces promenades moroses et bestiales, à la file indienne, est destiné à mécaniser le prisonnier, dont on rêve de faire une sorte d'automate inconscient.

« Imaginez bien ceci : sauf d'honorables exceptions trop rares dans le haut personnel pénitentiaire, pour presque tous les directeurs de prisons, l'idéal du « bon détenu », c'est le récidiviste, le vétéran, l'*abonné*, dont l'éducation n'est plus à faire et dont la docilité acquise est une garantie de tranquillité; c'est le comptable général de Clairvaux dont j'ai raconté la fabuleuse histoire ! C'est à celui-là qu'iront de préférence les faveurs, les indulgences, et... les sympathies.

« Le malheur est que ce « bon détenu » selon la formule, ne tarde guère, à ce régime, à devenir aussi incapable de résister à ses camarades, criminels-nés ou malfaiteurs de profession, qu'aux surveillants, et aussi peu réfractaire aux tentations, aux excitations malsaines, à l'appât d'un gain illicite ou à l'entraînement des mauvais exemples, qu'à la discipline.

« Il ne sait plus qu'obéir... à n'importe qui ! Il a perdu tout ressort, toute fierté. Ce n'est plus

qu'une pâte molle, apte à recevoir toutes les empreintes.

« Habitué à trouver son « pain cuit » et à se
laisser conduire comme une machine ou une bête
de somme, et à n'accomplir que des tâches impo-
sées, il n'a plus rien de ce qui est indispensable
pour n'être pas impitoyablement écrasé dans la
lutte pour l'existence.

« La seule émulation qui lui reste, c'est l'émotion du crime et de la perversité, fruit de l'éducation mutuelle spéciale à laquelle il vient d'être
soumis. Ce n'est pas sans motif qu'en argot la
prison se nomme le « collège »... D'ailleurs, le
casier judiciaire, qui s'attache à la peau du libéré
comme une tunique de Nessus, suffirait à lui
fermer toutes les portes, à lui interdire tous les
moyens honnêtes de gagner sa vie.

« Ajoutez à cela la monomanie de la délation,
le chantage, l'esprit de ruse et de mensonge,
tous les autres vices spéciaux qui se contractent
ou se développent en prison.

« Il est, en effet, bon de remarquer qu'il n'est
pas une seule des passions de l'homme, des passions naturelles ou factices, depuis l'ivrognerie
jusqu'à l'amour, qui ne puisse trouver sous les
verroux à tout le moins un semblant de satisfaction. J'ai cité ce baigneur de Clairvaux qui avait

attendu, pour contracter l'habitude du tabac, d'être séparé du monde où l'on fume par des grilles et des murailles infranchissables. J'aurais pu aussi bien parler de ceux qui, faute d'alcool, boivent « l'esprit de bois, du vernis, de l'acide sulfurique, etc. ».

« Je voudrais donc que chaque détenu fût soumis, pendant un temps plus ou moins long, à une surveillance analogue à ce qu'on appelle dans les asiles d'aliénés la *période d'observation*. Ce ne serait qu'après avoir passé par cette épreuve qu'il serait définitivement « classé », et envoyé rejoindre le groupe de ceux qu'une étude semblable aurait désignés comme se rapprochant le plus de lui par leur caractère, leur éducation, leurs antécédents, leurs instincts, leur degré de moralité... On ne supprimerait pas encore — cela va de soi — le danger de l'infection réciproque ; mais on l'aurait, au moins, réduit au minimum ; mais on aurait au moins supprimé les collections purulentes qu'engendre le régime actuel avec ses promiscuités obligées.

« C'est évidemment au haut personnel de l'administration pénitentiaire qu'appartiendrait la mission, dont je ne me dissimule pas, je le répète, l'énorme difficulté, de se prononcer souverainement sur le classement des individus et des catégories. Personne n'offre à cet égard autant de garanties de compétence et d'impartialité qu'un directeur de prison, qui vit au milieu de détenus, sur le sort desquels il est appelé à décider, et a, pour étudier chacun d'eux en détail, des semaines, des mois et des années. A ceux qui parleraient de l'arbitraire possible, je répondrais que ce danger me semble beaucoup plus à redouter dans le prétoire qu'à la geôle, et surtout de la part d'un juge, qui peut condamner un malheureux sur sa mine, sur les hasards de l'interrogatoire, sur le vue d'un dossier fantaisiste, sur une instruction sommaire, ou sur un incident d'audience. Il y a là toute la différence qui sépare le professeur, qui classe ses élèves d'après leurs notes de toute l'année scolaire, pendant laquelle il a pu les analyser l'un après l'autre à loisir, et l'examinateur, qui n'a pour répartir par ordre de mérite le troupeau des candidats que la chanceuse loterie d'un concours.

« Rien n'empêcherait, d'ailleurs, d'adjoindre aux directeurs des prisons une sorte de jury permanent composé de médecins, d'avocats, de magistrats, des hommes, en un mot, les plus considérables de la localité.

« Le condamné, en d'autres termes, l'homme qui aurait été jugé assez dangereux pour mériter d'être mis en marge, demeurerait en prison, non pas pendant un temps déterminé à l'avance et plus ou moins capricieusement calculé d'après la gravité relative de sa prévarication, mais tant qu'il n'aurait pas accompli ce qu'il est peut-être permis d'appeler une *tâche* morale. La détention se prolongerait jusqu'à ce qu'il eût, au prix de son travail, réparé le dommage causé par sa faute, le dommage social comme le dommage privé ; jusqu'à ce qu'il se fût *racheté*, jusqu'à ce qu'il eût *gagné* sa libération, sa grâce, voire même sa réhabilitation.

« Ce n'est là, au surplus, qu'un élargissement du principe de la libération conditionnelle.

« Quelle sera, demandera-t-on peut-être, la garantie du détenu, qu'il ne va pas rester ainsi *servus pœnæ* à perpétuité, sans espoir ni merci ?

« Cette garantie résiderait dans le droit de soumettre son cas, dans certains délais et dans certaines conditions, contradictoirement avec les autorités pénitentiaires, et moyennant l'assistance d'un avocat, au jury de surveillance dont je parlais tout à l'heure, qui prononcerait en dernier ressort.

« Faut-il ajouter que le détenu devrait passer la *période d'observation* en cellule, à la condition que l'encellulement — dont la plupart de ceux qui en parlent avec tant de complaisance n'ont pas l'air de soupçonner l'horreur meurtrière — à la condition, dis-je, que l'encellulement ne fût *jamais* supérieur à une année ?

« Quant aux incorrigibles, aux incurables, aux monstres, — j'en demande bien pardon aux sentimentalistes,— mais, quelle que soit leur genèse, qu'ils soient victimes d'une tare héréditaire ou des fatalités ambiantes, on ne peut rationnellement leur appliquer qu'un seul régime : la transportation ! »

Ce sont les mêmes idées que la nouvelle école inscrit sur sa bannière.— Mais on me dira : c'est un ancien prisonnier qui parle ; il ne peut être que partial sur ce point.

Eh bien, lisez cette page magnifique d'un directeur général des prisons, de M. Prins — et dites-moi après s'il n'y a pas un merveilleux accord entre les deux écrivains qui occupent cependant une position si différente dans le monde.

III

« La loi belge admet, écrit Prins, l'isolement cellulaire[1]. Son ambition, c'est de régénérer le

(1) Loi sur la libération conditionnelle en Belgique. (*Bullet de la Société générale des prisons*, 1889.)

coupable en le soustrayant aux influences délétères de ses codétenus pour ne laisser subsister que l'influence bienfaisante des honnêtes gens. Cela c'est, dans le monde entier, la théorie. Mais voyons aussi le fait. Partout, les prétendus réformateurs chargés de représenter auprès du condamné les bons éléments de la société, sont les membres du personnel, c'est-à-dire, en général, des agents dévoués, mais recrutés dans les couches sociales auxquelles appartient le détenu; parfois des déclassés sans emploi qui, en échange d'un salaire dérisoire, insuffisant à l'entretien d'une famille, doivent vivre à peu près de la vie d'un prisonnier.

« Nulle part ce personnel, qui ne peut être payé comme il le mérite, n'est choisi comme il convient. De plus, les surveillants ne sont jamais assez nombreux. Pour la logique du système, il faudrait à un détenu plusieurs surveillants, apôtres voués au relèvement des êtres déchus et exerçant leur action d'une façon constante. Au lieu de cela, il n'y a qu'un gardien par 25 à 30 détenus. Ces gardiens doivent naturellement se borner à jeter un rapide coup d'œil sur la cellule et sur le travail, et à vérifier si les règlements sont observés.

« A cela se réduit, avec une visite tout aussi

rapide d'un instituteur ou d'un aumônier, l'effort de ceux qui sont chargés de transformer et d'amender un coupable !

« L'hôpital pour les maladies morales, l'établissement modèle rêvé peut-être par les quakers, par Howard et par Ducpétiaux, est donc bien loin de nous. Nous sommes en présence de la solitude et du formalisme étroit de la prison, et nous avons à nous demander si l'homme des classes inférieures peut être régénéré uniquement par la solitude et le formalisme.

« La solitude librement recherchée, ah ! certes, elle élève l'âme du poète, qui, écœuré des vulgarités du monde, se réfugie dans les régions de l'idéal ! Mais la solitude imposée au misérable, quel autre effet peut-elle avoir que de l'abandonner au néant de sa pensée, à ces instincts inférieurs et d'abaisser toujours plus son niveau moral ?

« Ce qui a manqué à beaucoup de vagabonds, de dévoyés, de détraqués peuplant les prisons, c'est un milieu, des exemples, une protection efficace, peut-être des affections ! Et l'on étouffe en eux jusqu'au moindre germe de l'instinct social, et l'on s'imagine remplacer et le milieu social, et tout ce qui leur manque, par les visites sommaires de surveillants sortis des rangs infimes de la société

« Est-ce que l'on apprend donc à marcher à

l'enfant en lui mettant infiniment des lisières, en ne lui inspirant que la crainte de tomber et le besoin de se fier à autrui ?

« Apprend-on la sociabilité à l'homme en lui donnant uniquement la cellule, c'est-à-dire le contraire de la vie sociale, en lui enlevant jusqu'à l'apparence d'une gymnastique morale, en réglant du matin jusqu'au soir les moindres détails de sa journée, tous ses mouvements et jusqu'à ses pensées ? N'est-ce pas le placer en dehors des conditions de l'existence et lui désapprendre cette liberté à laquelle on prétend le préparer ? Comment ! sous prétexte de moralisation, on place entre les quatre murs d'une cellule un robuste paysan habitué à l'air des champs et aux rudes travaux de la campagne ; on lui donne une occupation quelconque, rien qui représente une dépense suffisante de force physique ; on le livre à des gardiens qui, parfois, lui sont socialement inférieurs ; on le laisse ainsi de longues années, et quand le corps et l'intelligence ont perdu leur souplesse, on lui ouvre la porte de la prison pour le lancer, affaibli et désarmé, dans la lutte pour la vie, sans compter qu'à la longue, toute peine s'use, et que le jour où la prison est devenue une habitude, elle n'a plus la moindre action positive.

« Qu'on ne l'oublie pas, les prisons renferment

assurément des récidivistes incorrigibles et cor-
rompus, résidu des grandes villes, qu'il faut in-
contestablement isoler des autres; mais elles
renferment aussi des délinquants semblables à la
plupart des hommes de leur condition vivant au
dehors! N'est-ce pas du hasard de la formation
d'un jury que dépend parfois la liberté ou la détention d'un citoyen, et ne voit-on pas, dans les
drames de la jalousie ou de l'amour, le même fait
entraîner tantôt l'acquittement et tantôt la condamnation? Est-il rationnel, encore une fois, d'appliquer à des êtres qui ont notre nature une conception aussi contraire à la nature? S'il était
question de faire d'eux de bons élèves, de bons
ouvriers, de bons soldats, accepterions-nous la
méthode de l'isolement cellulaire prolongé? Et
comment ce qui est condamné par l'expérience de
la vie ordinaire peut-il devenir utile le jour où le
tribunal a prononcé une condamnation?

« Les inconvénients physiologiques et moraux
d'une longue solitude sont d'ailleurs évidents;
et l'on cherche à les combattre par une grande
humanité dans les choses extérieures. Si bien
que, par crainte de cruauté envers les bons, on
en arrive, à l'égard des mauvais, aux exagérations
d'une philanthropie parfois poussée à l'absurde.

« En Hollande, par exemple, quand, à Hoorn,

on procure aux détenus de l'eau chaude et de l'eau froide à leur lever, une salle de récréation, des jeux de dominos ; quand, à la fête du Roi, on tire pour eux un feu d'artifice [1] ; en Amérique, quand à Elmira on leur procure des distractions musicales ; quand, à Thomaston, on leur accorde l'autorisation d'organiser un meeting contre la peine de mort ; quand, dans l'Illinois, on leur donne du poudding, des biscuits, des gâteaux, du miel, on est aussi loin de la vraie justice que les anciens partisans de la torture. »

On voit par tout ceci combien est grande la nécessité de changer uos idées sur la prison ; combien il est nécessaire que les juristes apprennent, par le contact direct avec les criminels, leurs vrais penchants, avant de fixer les lois. (Voir Appendice II, p. 67, sur la nécessité de l'enseignement de l'anthropologie criminelle.)

IV

Dans un excellent ouvrage, publié tout récemment à Madrid, la *Vida penal en España*, M. Sellilas met au jour un monde de criminels tout à fait particulier à l'Espagne.

(1) D. Nieuwenhuys, professeur de l'université de Groningen, discours d'ouverture : *De Gevangenisstraf*. Groningen, 1884, p. 15.

Il y a là des *presidios* où les rapports des détenus avec les honnêtes gens sont établis sur le même pied que ceux des fous de la colonie de Gheel en Belgique avec les habitants du pays. Un usage des prisons espagnoles, très singulier et caractéristique, est celui des *cucas*. C'est l'amour platonique et pour ainsi dire par correspondance. Des détenus des deux sexes, qui ne se connaissent pas, qui ne se sont jamais vus, sont arrivés à établir des communications régulières entre eux par divers moyens bien adroits et bien curieux. Ils font connaissance par lettre, se marient, s'aiment, divorcent. Ce sont des *cucas*. Parfois un *cuca* envoie l'offre à sa *cuca* d'en trouver d'autres pour ses amis et *vice versa*.

Et ils ressentent tous les effets de la passion violente, ils sont jaloux et parfois ils se battent entre eux pour leur maîtresse inconnue. La *cuca* est fière de son homme, en raison de la grandeur de son crime; si elle le perd, c'est une veuve.

Ventra a étudié à Naples le *sfregio*, la balafre au visage au moyen d'un rasoir, d'après des règles dûment déterminées.

Tout est spécial dans ce crime : le milieu où il sévit (la *camorra*), l'âge des criminels, la condition des victimes.

La balafre en forme de croix, marque infamante, est pour les faux frères, les affiliés de la police, les suspects, et en général pour les mouchards. Le plus souvent on balafre la femme ; celle-ci n'est pas toujours coupable : sa faute n'est quelquefois que d'être coquette ou simplement jolie. Mais l'attentat n'enlève rien à l'amour — au contraire — on ne s'aime que mieux. La femme balafrée est fière d'une cicatrice qui prouve qu'on l'a aimée jusqu'au crime.

Celui qui balafre est toujours jeune. Après trente ans, on n'opère plus soi-même : on charge de ce soin un plus jeune que soi, que l'attentat est destiné à grandir à ses yeux et dans l'opinion du milieu où il vit. S'il est de la *camorra*, il monte en grade ; s'il n'en est pas, il y est reçu.

Mais le *sfregio* n'est plus le crime propre d'une classe ou d'une association de malfaiteurs et de malintentionnés. Bien que ceux qui s'en rendent coupables présentent d'habitude les caractères distinctifs des criminels, on balafre dans le milieu populaire honnête, dans la petite bourgeoisie et même dans les classes plus élevées, car toutes fournissent leur contingent d'anormaux.

En Sicile, on tue, on ne balafre point [1].

____

(1) Actes du 1ᵉʳ Congrès d'anthrop. criminelle. Rome, 1887.

CHAPITRE VI

I

Déjà au Congrès d'anthropologie criminelle de Rome[1], mon collaborateur Laschi et moi, nous avons communiqué les résultats de nos premières recherches sur les délits politiques ; nous avons résumé les facteurs anthropologiques, physiques et sociaux qui, secouant l'inertie naturelle à l'homme et lui faisant oublier sa haine du nouveau (le *misonéisme*), pouvaient pousser un peuple aux révolutions politiques et à la criminalité particulière qui en découle.

Des études ultérieures nous mettent à même d'exposer d'une manière plus détaillée l'action de quelques-uns des plus importants de ces facteurs.

D'abord nous devons faire remarquer que *délit*

---

(1) Voir les Actes du 1er Congrès international d'anthrop. criminelle. Rome-Turin, 1886-87.

politique, dans sa signification anthropologique, est moins pour nous un attentat contre une organisation politique particulière, que toute opposition violente au misonéisme politique, religieux ou social de la grande majorité.

En effet, en admettant que le progrès organique et humain n'ait lieu que lentement, au milieu d'obstacles puissants, provoqués par les circonstances extérieures et intérieures, et que l'homme et la société humaine soient instinctivement conservateurs, il s'ensuit que les efforts vers le progrès, se manifestant par des moyens trop brusques et trop violents, ne sont point physiologiques et que s'ils constituent quelquefois une nécessité pour une minorité opprimée, ils sont, au point de vue juridique, un fait antisocial et, par conséquent, un crime.

Mais, ici, il faut distinguer les *révolutions* qui ont un développement lent, préparé, nécessaire, tout au plus accéléré par quelque génie ou par quelque fou, et les *révoltes* qui ne sont qu'une incubation précipitée et artificielle à une température excessive, un explosion d'embryons voués, pour cela, à une mort certaine.

On peut donc appeler les premières des phénomènes physiologiques, les secondes des phénomènes pathologiques; celles-là ne sont jamais

un délit, parce que l'opinion publique les sanc-
tionne et leur donne son appui ; tandis que celles-
ci sont toujours l'équivalent d'un délit, car elles
représentent l'exagération des rébellions ordinaires.

Il y a ensuite les points intermédiaires : ce
sont les révolutions provoquées par des causes

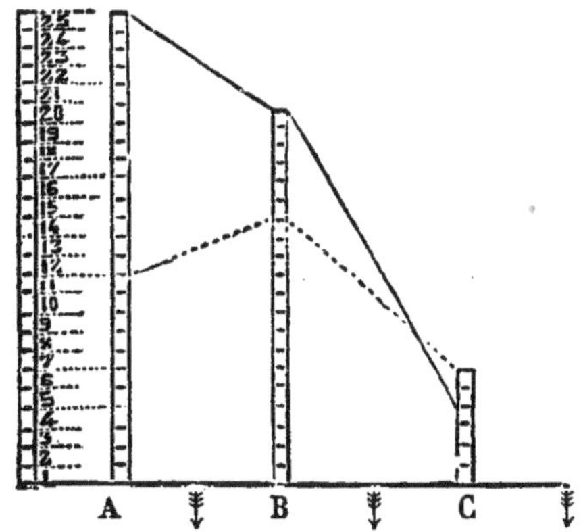

Fig. 4. — Échelle représentative des départements (1 à 25).
———————— Échelle de diffusion des suffrages républicains.
.... Échelle de diffusion des suffrages monarchiques dans les élec-
tions politiques.
A, montagnes, B, collines, C, plaines.

justes et générales, mais qui sont trop précoces.

Elles finissent cependant par triompher : mais
en attendant qu'elles se soient adaptées au milieu,
elles peuvent constituer un délit, évidemment
temporaire, qu'une époque non éloignée transformera même en héroïsme et en martyre.

Le facteur le plus puissant des révolutions et

des révoltes, c'est le climat. — Comme on peut le

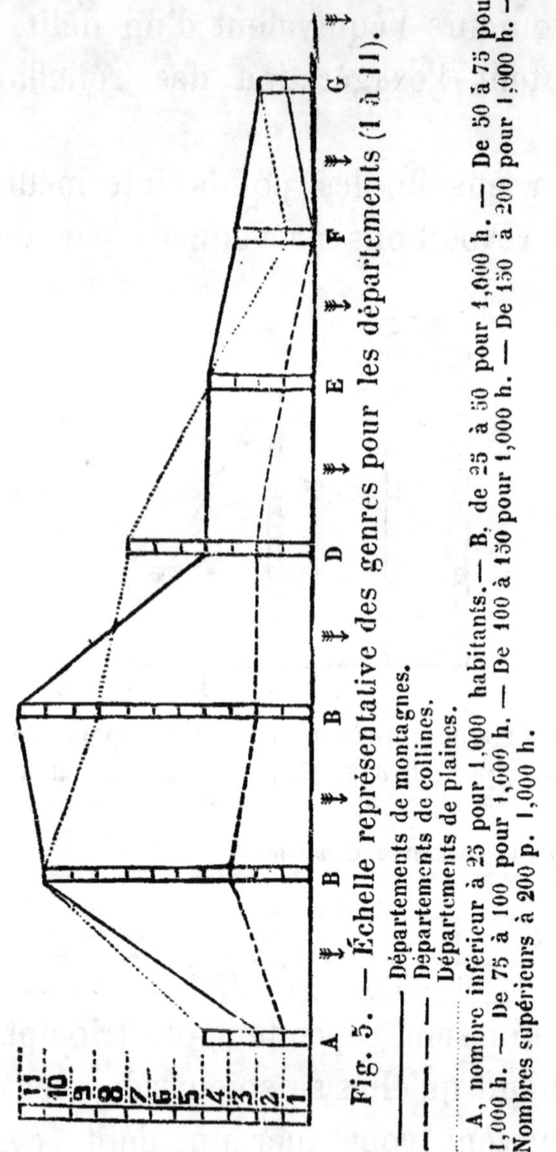

Fig. 5. — Échelle représentative des genres pour les départements (1 à 11).

—— Départements de montagnes.
— — Départements de collines.
.... Départements de plaines.

A, nombre inférieur à 25 pour 1,000 habitants. — B, de 25 à 50 pour 1,000 h. — De 50 à 75 pour 1,000 h. — De 75 à 100 pour 1,000 h. — De 100 à 150 pour 1,000 h. — De 150 à 200 pour 1,000 h. — Nombres supérieurs à 200 p. 1,000 h.

voir par nos diagrammes, c'est dans les départe-
tements des montagnes de France, qu'on observe

le plus grand nombre de génies et de républicains,
tandis que leur moindre nombre est dans la
plaine. (Voir fig. 4 et 5.)

II

Race. — Déjà M. Le Bon nous avait démontré
la grande influence de la race sur les révolutions.

En France, il a reconnu la différence de caractère des *brachycéphales* et des *dolichocéphales* :
les premiers seraient amoureux des traditions et
de l'uniformité, conservateurs en un mot ; tandis
que les seconds seraient révolutionnaires. — Mais
il a exagéré.

En effet, il y a des peuples dolichocéphales
(Egyptiens, Nègres, Australiens, Sardes, etc.), peu
révolutionnaires, et des brachycéphales (Auvergnats, Romagnols) qui, au contraire, ne sont pas
conservateurs ; et on voit 86 émeutes italiennes
(1793-1870) donner le dessus à la dolichocéphalie
(Sicile, Naples, Ligurie, Calabre), quoique la
brachycéphalie y fût aussi représentée dans de
fortes proportions (33,72 p. 100).

En France, ayant comparé, d'après Reclus,
Topinard et Jacoby, une carte des races avec les

résultats des élections politiques des années 1877, 1881 et 1885, nous avons pu en conclure qu'en général les départements où prédomine la race ligurienne, donnent un plus grand contingent de votes aux républicains, ainsi que les départements

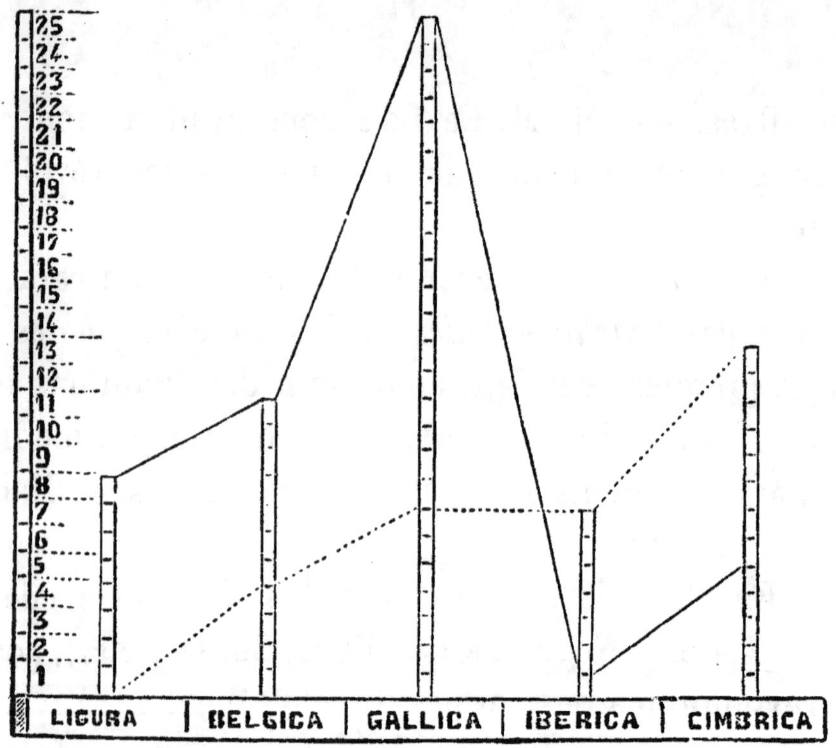

Fig. 6. — Échelle représentative des départements (1 à 25).
——————— Ligne de diffusion des principes républicains.
.... Ligne de diffusion des principes monarchiques.

de race gauloise, lesquels abondent aussi en génies (fig. 6).

La Vendée, par contre, le Morbihan, le Pas-de-Calais, le Nord, les Basses et Hautes-Pyrénées, le Gers, la Dordogne, le Lot, sont réactionnaires et comptent aussi peu d'hommes de génie.

Il y a, pourtant, des conditions particulières qui rendent encore plus efficace et plus active l'action ethnique, comme le croisement, de plusieurs races. Il en fut ainsi des Ioniens qui, par leur mélange avec les Asiatiques (Lydiens, Perses), devinrent plus révolutionnaires et plus intelligents que les Doriens ; nous voyons de même, de nos jours, les Japonais, bien plus avancés que les Chinois dans la voie du progrès, à cause sans doute de leur mélange avec les races malaises.

L'inoculation du sang germanique expliquerait la précoce civilisation de la Pologne et peut-être même le fait qu'en Franche-Comté on remarque les plus grands révolutionnaires dans le domaine des sciences (Nodier, Fourier, Proudhon, Cuvier).

Des effets analogues sont dus aussi aux changements de climat, qu'on pourrait nommer un croisement climatérique : c'est celui-ci qui éleva en Europe le Sémite, à une hauteur de génie qu'il n'a pas en Asie, et qui transforma l'Anglo-Saxon en Américain bien plus libre et plus génial.

Quant à la France, elle offre d'abord un rapport remarquable entre la race et le génie. On voit celui-ci prédominer là où prévaut la race germanique (Marne, Meurthe-et-Moselle, Haute-Marne,

Aisne, Seine-et-Oise, etc.), tandis qu'il est plus clairsemé dans les départements où prévaut la race iberique (Basses et Hautes-Pyrénées, Ariège

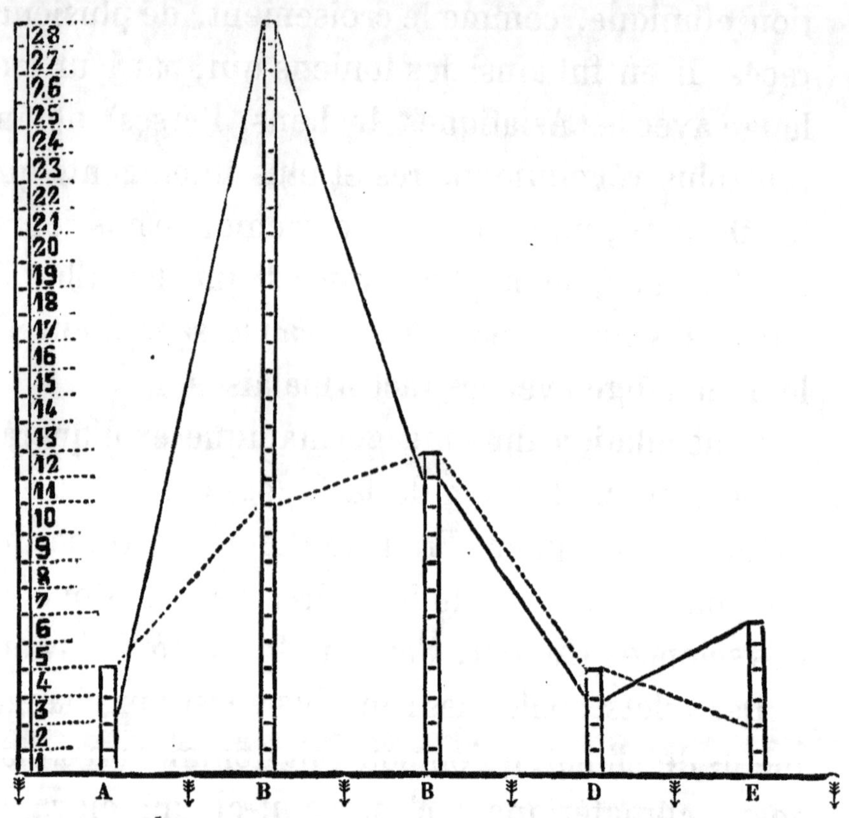

Fig. 7. — Échelle représentative des départements (1 à 28).

——————— Ligne de diffusion des principes républicains.
— · — · — Ligne de diffusion des principes monarchiques.

A. de 20 à 40 habitants par kilomètre carré. — B, de 40 à 60 h. par k. m. q. — B. de 60 à 80 h. par k. m. q. — D, de 80 à 100 h. par k. m. q. — E, plus de 100 h. par k. m. q.

Gers, Landes, etc.) et la race celtique la plus pure (Morbihan, Vendée, Deux-Sèvres, Vienne, Charente, etc.). Mais même ici les contradictions ne manquent pas, car, ainsi que nous l'avons démontré dans l'*Homme de Génie*, les descendants des *Burgundiones* donnent beaucoup de génies dans le Jura et le Doubs et un petit nombre dans la Saône-et-Loire. — Dans la même race, la Haute-Garonne produit dix fois plus de génies que l'Ariège, deux fois plus que le Gers et cinq fois plus que les Landes.

Dans la Guyenne, la Gironde produit le double du Lot et dans le Languedoc, l'Hérault donne sept fois plus de génies que la Lozère.

Toutefois, en cherchant les gros chiffres, on voit que les races qui donnent le maximum des départements riches en génies, 5 sur 8 (66 p. 100) sont peuplés par la race belge et par la race gauloise, fournissant environ 19 p. 100 de départements avec le maximum de génialité.

La race ibérique donne des chiffres insignifiants de même que la race cimbrique, avec laquelle elle n'a pourtant aucune affinité (fig. 10).

Or, en comparant la distribution géographique du génie en France avec les résultats des élections politiques des années susmentionnées, on aperçoit que la génialité va de pair avec la tendance républicaine.

Densité de la population. — On comprend aisément que là où la population est agglomérée, notamment dans les villes, et Jacoby l'a signalé le

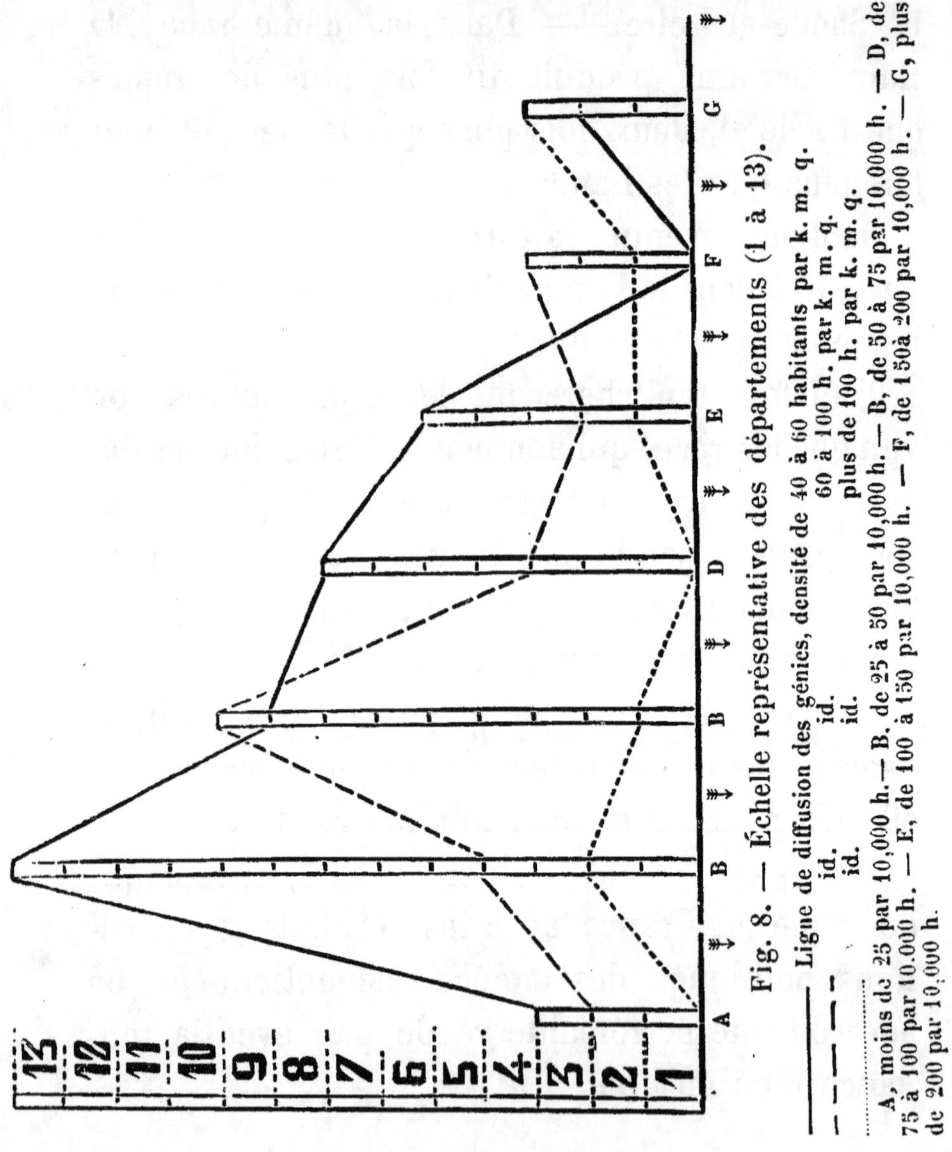

Fig. 8. — Échelle représentative des départements (1 à 13).

— Ligne de diffusion des génies, densité de 40 à 60 habitants par k. m. q.
— — id. 60 à 100 h. par k. m. q.
.... id. plus de 100 h. par k. m. q.

A, moins de 25 par 10,000 h. — B, de 25 à 50 par 10,000 h. — B, de 50 à 75 par 10.000 h. — D, de 75 à 100 par 10,000 h. — E, de 100 à 150 par 10,000 h. — F, de 150 à 200 par 10,000 h. — G, plus de 200 par 10,000 h.

premier, les agitations politiques doivent avoir lieu

plus fréquemment, car, dans les grands centres de population, les passions s'aiguisent par le contact mutuel et l'exemple se propage facilement. Il faut ajouter l'existence dans les gros centres ouvriers, de l'influence peu pacifique des génies (fig. 8) et en même temps celle très dangereuse des déclassés et des criminels qui, dans les troubles politiques, cherchent à s'élever eux-mêmes ou à donner libre cours à leurs instincts pervers.

En outre, dans les centres très peuplés, il faut compter avec la névrosthénie endémique ; ainsi M. Béard a reconnu que la soif de l'or, les journaux excitants, les élections politiques favorisent la neurasthénie parmi presque tous les citoyens de New-York et celle-ci à son tour favorise la révolution (fig. 8).

De l'étude sur les rapports entre la densité de la population et les votes monarchiques en France, il résulte que dans les départements où la population est le plus agglomérée, l'esprit public est plus enclin aux idées républicaines (fig. 7.)

En effet, les Basses-Alpes, les Landes, l'Indre, le Cher et la Lozère, dont la population ne dépasse pas 40 habitants par kilomètre carré, ont donné dans les élections politiques de 1877, 1881 et 1885 des quotités considérables de votes au parti monarchique.

Il en est de même pour les départements de la Vendée, du Nord, des Hautes-Pyrénées, du Gers, du Lot et de l'Aveyron, avec 60 habitants par kilomètre carré.

Des résultats aussi curieux nous sont offerts par l'étude des rapports entre les révolutions et le

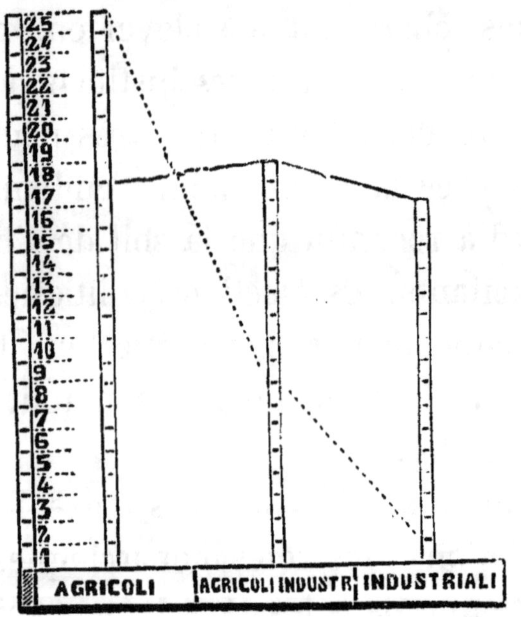

Fig. 9. — Échelle représentative des départements (1 à 25).

—————— Ligne de diffusion des principes républicains.
– – – – – – Ligne de diffusion des principes monarchiques.

génie (fig. 9), qui est un caractère et un effet de l'évolution : on a remarqué que l'évolution et les révolutions se multiplient de préférence chez les peuples industriels (fig. 9), et chez ceux qui ont plus d'esprit, comme ce fut le cas de

Florence, de Paris et de Genève, qui en 1500 était appelée la ville des mécontents et qui était sans contredit la ville la plus civilisée de la Suisse.

Il en était de même, en Grèce, d'Athènes, si portée aux révolutions et qui, dans la période florissante de sa civilisation, arriva à compter 56 poètes célèbres, 21 orateurs, 12 historiens et littérateurs, 14 philosophes et savants et 2 législateurs éminents, tels que Dracon et Solon ; tandis que Sparte n'eut que peu ou point de révolutions et très peu de génies célèbres (pas plus de deux, d'après Schoell) ; mais ici l'influence orographique était sans doute aussi en jeu.

C'est aussi la grande production de génies, jointe à une culture très élevée, qui explique à la fois le grand développement de civilisation et l'instabilité politique de la Pologne, qui entraîna plus tard sa ruine, et cela malgré qu'elle eût tous les éléments contraires à la tendance révolutionnaire, étant un pays plat, d'un climat froid, de race slave et par conséquent brachycéphale. C'est la même raison (la moindre densité) qui nous explique le nombre aussi petit des républicains dans les départements agricoles et leur grand nombre dans les départements industriels (fig. 10).

Les femmes prennent une grande part aux grèves (Zola), aux révoltes — bien peu aux révolutions. La statistique donne pour la Commune 27 p. 100 de femmes — tandis que dans la révo-

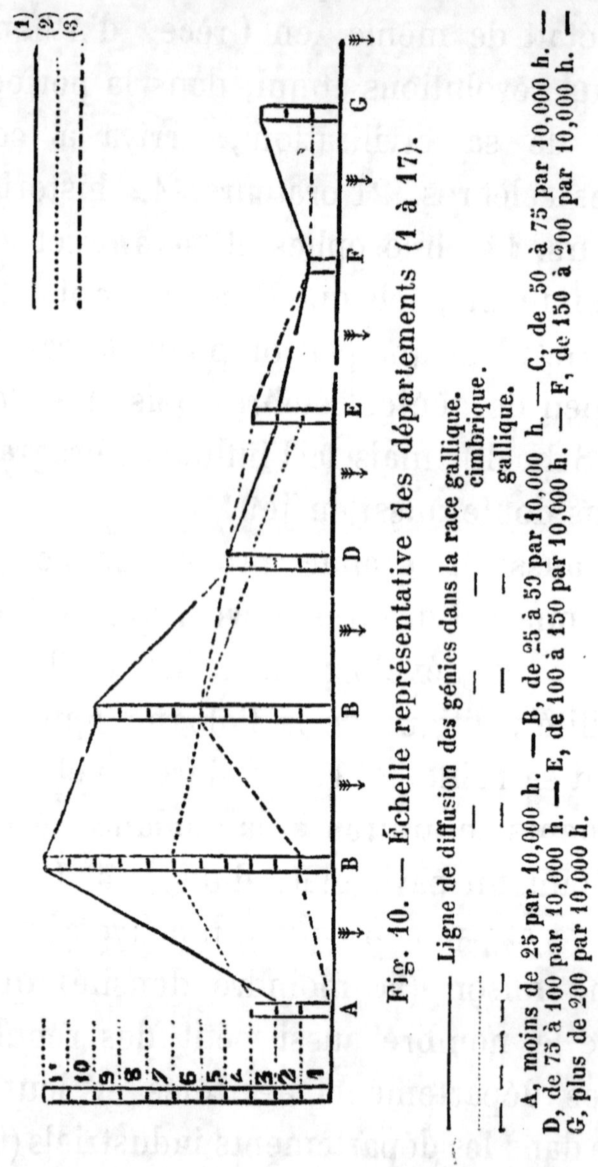

Fig. 10. — Échelle représentative des départements (1 à 17).

Ligne de diffusion des génies dans la race gallique.
cimbrique.
gallique.

A, moins de 25 par 10,000 h. — B, de 25 à 50 par 10,000 h. — C, de 50 à 75 par 10,000 h. — D, de 75 à 100 par 10,000 h. — E, de 100 à 150 par 10,000 h. — F, de 150 à 200 par 10,000 h. — G, plus de 200 par 10,000 h.

lution italienne, elles ne dépassaient pas 1,2 p. 100; il en est de même pour le génie qui est un cas tout à fait exceptionnel chez la femme — même dans les arts. Elles prirent cependant une très grande part à la révolution du Christ — comme actuellement à celle des nihilistes — mais c'est que, dans l'une comme dans l'autre, elles amélioraient leur sort et arrivaient à une plus proche égalité de droits. Il faut dire aussi que la femme slave est est plus sérieusement instruite que dans le reste de l'Europe — et que le nombre plus grand des célibataires les contraint à chercher de nouvelles sources d'activité.

Le folie et la criminalité se développent dans les départements en raison directe du nombre des suffrages révolutionnaires.

La présence d'un fou de génie, Cola de Bienzi, ou d'un grand génie, Marcel, et même d'un homme sans génie mais fourbe et criminel, comme Boulanger, Catilina, Donato Corsi, Sacchetti, etc., suffit pour déterminer de grands troubles politiques. Mais même avec un génie — le Christ par exemple — une vraie révolution ne peut se produire et durer sans une nécessité organique des peuples[1].

---

(1) Le développement de ces théories sera donné dans *le Crime politique*, de Lombroso.

III

Nous devons enfin signaler un ouvrage de M. Balestrini qui applique nos idées à une nouvelle théorie pénale sur l'avortement (*Dell'aborti et dell'infanticide*, 1888).

Il nous prouve que la pénalité doit dans ce cas être bien amoindrie, car le fœtus, surtout dans les premiers mois, représente pour la société moderne qui n'est plus théologique, bien plus un animal qu'un être humain ; et c'est bien plus, qu'on me permette le mot, un bruticide qu'un homicide.

Tarde, Sarraud, Drill ont essayé les premiers les applications juridiques de la science nouvelle, ainsi que MM. Ferri et Garofalo qu'on peut bien dire français aussi par leurs ouvrages. Je dois signaler surtout la *Riparazione del danno* de M. Garofalo, car elle peut dissiper les craintes dont M. Maxime Ducamp s'est fait l'écho sur les dangers de notre école : il y étudie les moyens pour obtenir les dédommagements du crime.

Il propose, que, dans les dégâts contre la propriété, lorsque l'offenseur est solvable, les dédommagements offerts par le coupable avant ou après la condamnation amènent la réduction de la moitié de la peine : la réduction serait d'un quart dans les délits contre les personnes. Lorsque le dédommagement serait obtenu par l'offensé, par exécution forcée, le condamné n'en récolterait aucun bénéfice.

Si l'endommagé refusait d'accepter la réparation des dommages-intérêts, ou s'il y renonçait, la somme offerte serait dévolue à une caisse des amendes ; il en serait de même si l'endommagé était lui-même responsable pour délit commis ; la caisse pourvoirait dans les cas d'insolvabilité de l'offenseur.

CHAPITRE VII

CONGRÈS, JOURNAUX, SOCIÉTÉS ANTHROPO-JURIDIQUES

I

Nos progrès sont allés bien au delà des découvertes de détail qui peuvent intéresser seulement les savants. Elles ont dépassé les bornes élevées, mais trop solitaires, de la science. A l'époque du premier Congrès d'anthropologie criminelle, il n'y avait pour répandre ces idées dans le monde qu'une seule revue, *l'Archivio di psichiatria, scienze penali e anthropologia criminale;* maintenant nous avons l'*Anomalo* de Zuccarelli, l'*Archivio di freniatria* de Reggio, la *Revista d'Anthropologia criminal* de Talladriz (Espagne), les *Archives d'Anthropologie criminelle* de Lacassagne, les *Archives de Psychiatrie*, de Mirjewski, et celles de Kowalewski, la *Revue de la Société juridique* de Moscou, les *Mémoires de la Société d'Anthropologie* de Bruxelles. Et pourquoi n'ajouterons-nous pas les *Bulletins de la Société d'Anthropologie* dans lesquels Manouvrier, Fallot, Letourneau et Bordier ont soutenu des batailles si glorieuses pour notre drapeau ; et la *Revue de la Réforme Judiciaire* de Janvrot et la *Revue scientifique* qui est toujours la première à propager les idées nouvelles ; et le *Bulletin de la nouvelle Société d'Anthropologie criminelle de Buenos-Ayres*, la première société consacrée à cette nouvelle science qui compte déjà un muséum spécial et des membres justement célèbres[1] ?

II

Je ne dois pas oublier le congrès juridique de Lemberg, de l'année 1889, où Rosenblatt a traité *Les causes psychologiques des crimes*, où Erzynnshi a communiqué les résultats de la nouvelle école anthropologique et où Butzinski a traité « des prisons selon la nouvelle école ». Mais le premier congrès juridique qui ait mis vraiment en discussion les problèmes posés par la nouvelle

(1) Pineto, Drago, Ramoo. — Mejia, etc.

école juridique, est celui de Lisbonne, dont le 4 avril 1889, a eu la première séance.

La première question discutée était ainsi formulée : L'administration de la justice doit-elle être gratuite, particulièrement en matière de tutelle et en matière pénale? — La résolution du Congrès a été que : l'administration de la justice, étant une fonction de la société, doit être gratuite de toute manière : elle a été prise presque à l'unanimité, deux votants seulement y ont été contraires.

La cinquième question était : Doit-on indemniser les accusés acquittés; en cas d'affirmative, l'indemnité est-elle due à tout individu acquitté sans distinction, ou seulement à celui que le tribunal aura déclaré innocent? — On a approuvé à l'unanimité la réponse suivante : L'Etat doit une indemnité à tout prévenu ou accusé dont l'innocence complète a été déclarée judiciairement, soit au cours de l'instruction du procès, soit après l'accusation, dans le jugement sur la poursuite, soit finalement pendant la révision par le juge chargé de statuer. Exception est faite toutefois pour ceux qui, par leurs fautes ou leurs actes, ont donné un motif à la prévention et provoqué la poursuite par des déclarations mensongères, de faux aveux ou tous autres moyens susceptibles de contribuer à l'erreur judiciaire commise à leur préjudice.

La dixième question était : En quel sens est-il urgent de réformer les codes criminels en ce qui touche les conditions de la responsabilité pénale de l'auteur du fait incriminé et les effets des causes de non-imputabilité (*circumstantias dirimentes*) pour que la doctrine de la loi, s'accorde avec les affirmations de la psychologie contemporaine, de l'anthropologie criminelle et de la pathologie aliéniste, et satisfasse à la nécessité de donner à la société toute la sécurité possible à l'égard des criminels ?

Le rapporteur était M. le Dr Ant. Augusto Chrispiniani da Jonseca, juge à Meda. A ses conclusions, la section de droit criminel a substitué les suivantes :

1° Les lois pénales doivent statuer, non seulement à l'égard des fous, mais encore à l'égard des délinquants qui, sans être absolument fous, ne sont cependant pas complètement responsables de leurs actions ;

2° Le délinquant absolument fou doit, après constatation de son irresponsabilité, par examen médical et par tous les autres moyens légaux, être enfermé à perpétuité dans un hôpital ou dans un asile ;

9.

3° Ceux qui n'étant pas absolument fous ne sont pas complètement responsables, mais sont dangereux, doivent être jugés et détenus temporairement dans des établissements à ce destinés.

Ces conclusions ont été votées par la majorité du congrès, et comme on voit ce sont les mêmes que ceux de notre école.

III

Je dois rappeler ici que l'Institut de France a décerné un prix à M. Joly pour une étude critique sur la nouvelle école. La faculté de droit de Heidelberg a mis au concours parmi ses élèves, comme prix annuel, « *Les applications juridiques* des découvertes du professeur Lombroso sur l'*Homme criminel.* »

Je signalerai un succès encore plus grand, s'il est possible, la fondation récente de l'*Union internationale de droit pénal* laquelle a inscrit sur son drapeau les conclusions pratiques de notre école : que pour connaître la criminalité il faut étudier les criminels; que les mesures préventives sont aussi efficaces que la peine contre les crimes; que les tribunaux répressifs et l'administration pénitentiaire concourent au même but et la condamnation ne valant que par son mode d'exécution, la séparation consacrée par notre droit moderne entre la fonction pénitentiaire est irrationnelle ; qu'il faut tâcher de substituer d'autres peines aux emprisonnements de courte durée ; qu'il faut distinguer les délinquants d'accident de ceux d'habitude ; et que pour ces derniers, lorsqu'il s'agit seulement de la répétition de petits délits, le système pénal doit tâcher de prolonger les peines.

C'est l'écroulement de toute la vieille métaphysique juridique, que ce décalogue auquel ont souscrit trois cents membres des plus distingués de la jurisprudence européenne. L'œuvre n'est commencée que depuis six mois, et nous avons déjà les mémoires importants de Garafolo, de Prins, de Lammatsch, de Liszt, et déjà ils se sont réunis dans un congrès, le 3 août 1889, à Anvers, pour poursuivre (c'est le mot du président, le professeur Prins) la réforme de la législation pénale, conformément aux données fournies par les études anthropologiques et sociologiques.

On a été d'accord que, pour les délinquants d'occasion, les débutants, ceux qui n'ont pas subi de condamnations antérieures, la prison est plus nuisible qu'efficace. On a proposé de substituer à la prison diverses mesures, telles que l'admonestation (comme en Angleterre et en Italie), l'internement chez soi, la réforme du système des amendes, les travaux publics à l'air libre, et la plus large application de la condamnation conditionnelle, qui permet le relèvement du condamné coupable d'un entraînement passager, en ne le livrant pas au voisinage pervertissant des récidivistes, délinquants d'habitude.

On a adopté à l'unanimité l'amendement de M. Garofalo :

« L'Union recommande l'application du principe de la condamnation conditionnelle en insistant sur la nécessité d'en déterminer les limites d'après les conditions locales et en tenant compte des sentiments et de l'état moral des peuples. »

Honneur, trois fois honneur à Du Hamel, à Prins, qui ont fait les premiers pas dans cette voie! honneur à tous ces nobles esprits qui, entraînés par le flot puissant des vérités nouvelles, ont renoncé (ce qui est rare chez les hommes et plus encore chez les savants) à des convictions qui, formées dans leur jeunesse, grandies avec leur gloire, devaient leur être doublement précieuses. Il est bien vrai que quelques-uns d'entre-eux désavouent leur origine et protestent qu'ils n'ont rien de commun avec nous; mais ce n'est là qu'une très rare exception, et d'autre part lorsqu'on combat comme nous, pour une idée, que nous importe si la personne est méconnue, pourvu qu'on adopte son drapeau, n'est-ce pas la destinée commune dans ce monde, que les fils, en grandissant, délaissent leurs parents, tandis que ceux-ci n'oublient jamais leurs enfants?

Pour nous, cet oubli même est la preuve de la victoire — il prouve notre maturité.

IV

Mais comme un bonheur ne vient jamais seul, je vois poindre à l'horizon une application encore plus nouvelle.

Manouvrier, dans un de ces moments prophétiques qu'ont les hommes de génie, disait, il y a peu de jours, que non seulement il existe une anthropologie criminelle; mais qu'il devait se former une anthropologie historique, sociale, etc. Eh bien! ce moment est déjà venu. Taine et Renan ont déjà créé une anthropologie historique : MM. d'Aguanno, Lessona, Fioretti, ont fait des essais d'applications au droit civil, surtout pour les testaments, les droits de succession et le divorce. Et si dans ces nouvelles applications, notre science allait perdre son nom et recevoir un nom nouveau comme *anthropologie sociale, juridique?* Eh bien! ce jour serait béni; car nous tenons bien plus au triomphe des idées nouvelles qu'à celui de leur nom.

Je n'ai pas fait mention jusqu'ici du *Congrès d'Anthropologie criminelle* de Rome, ni celui de Paris. Les actes du premier sont déjà publiés, et ceux du second vont paraître. La célérité et même la précipitation avec laquelle on procède à cette dernière publication, n'ont pas permis d'y insérer ce mémoire. Ces *Actes*, mieux que toutes mes paroles, confirmeront l'importance de la nouvelle science. Mais un fait qu'ils ne pourront pas mettre en évidence, fait reconnu cependant par tous les congressistes présents à Paris en 1889, c'est que grâce à l'hospitalité de MM. Thévenet, ministre de la justice, Herbette, Brouardel, Roussel, Motet, Magnan, Roland Bonaparte, et de tant d'autres, la courtoisie française s'y est montrée aussi grande que sa générosité.

APPENDICE I

RÉPONSE A M. GUILLOT

M. Adolphe Guillot, dans son livre remarquable
« *Les prisons de Paris et les prisonniers* » affirme
qu'il ne croit pas comme moi à la fatalité physique
dominant le criminel : « Si l'on étudiait l'homme bien
avant qu'il fût devenu criminel, dit-il, on serait frappé
des changements que le crime et ses conséquences
apportent même dans sa personnalité physique. »
Mais il oublie que nous avons étudié ces anomalies
dans les enfants, et que même chez les enfants nous
en avons saisi une quantité plus grande que chez les
adultes.

M. Guillot établit, à l'aide de ses nombreuses observations personnelles, que le criminel, neuf fois
sur dix, raisonne son crime, Je suis presque de
son opinion ; bien des fois, mais pas aussi souvent qu'il le croit, il raisonne son crime, il le
médite ; mais il ne peut pas s'empêcher de le commettre, quoique le plus faible raisonnement dût suf-

fire à l'en dissuader. Or, c'est là l'anomalie, et ses méditations sont, hélas! bien peu profondes. Il y a là toujours une fêlure qui le fait découvrir tôt ou tard à la justice, car les cas des délinquants criminels astucieux au point d'effacer toutes les traces de leurs crimes, sont une étrange exception.

La faute en est plutôt à la justice, si peu cuirassée contre le crime, justement à cause de son manque de connaissances psychologiques et anthropologiques. Lorsque des juges d'instruction, aussi éclairés que M. Guillot, croient sincèrement aux remords de criminels tels que Abbadie, Gamahut et Marchandon, lorsqu'ils mettent au compte du repentir même les nouvelles débauches qu'ils commettent après le crime (page 155), il n'est pas étrange que bien souvent ils restent impuissants à découvrir les criminels même les plus bêtes.

Pour appuyer sa thèse, M. Guillot cite un fait qui serait vraiment décisif. M. Roukavitchnikoff, un des plus grands philanthropes de l'humanité, qui a créé une ville, la ville Roukavitchnikoff, pour les jeunes détenus, a raconté au Congrès de Rome que, en comparant les photographies de ses jeunes criminels à leur entrée et à leur sortie, il notait une amélioration de la physionomie qui correspondait à l'amélioration de la conduite : leurs traits ont, chez la plupart, perdu ce qu'ils avaient de menaçant, de hagard, de farouche, pour prendre une expression qui nous paraît plus douce. Eh bien, il se trompait ; non pas

qu'il mentît, c'est un des philanthropes les plus angé-
liques, les plus sincères, mais il était suggestionné
par sa grande œuvre que pourtant je ne crois pas
inutile. Il nous avait offert à Rome un album photo-
graphique. J'ai fait nommer une commission dont
lui-même faisait partie, pour étudier cet album. Du
rapport de cette commission, il résulte que sur 61
cas :

> 22 ont amélioré leur physionomie ;
> 14 l'ont empirée ;
> 25 sont restés à l'état stationnaire.

Or, des 14 empirés physionomiquement, 3 étaient
améliorés moralement, et des 22 améliorés, certainement 3 étaient empirés moralement ; et ces chiffres
nous étaient donnés par M. Roukavitchinoff lui-
même. Mais comme M. Guillot est en contact direct
avec les faits, il est bien plus aisé de discuter avec
lui. Même il suffirait de lui citer les pages qu'il a
écrites lui-même et dans lesquelles on voit très bien
dépeints les criminels-nés qui se révèlent dès leur
première jeunesse.

« Parmi tous ces criminels, dont le nom a acquis
une notoriété qui permet de les citer, sans manquer
aux devoirs de la discrétion professionnelle, je n'en
connais guère qui, malgré leur jeunesse, n'aient déjà
été les hôtes des prisons ou tout au moins mérité de
l'être ; d'abord la faute avait été légère et superfi-
cielle, puis elle a fait place à des actes plus graves et
plus réfléchis, lesquels à leur tour, ont donné naissance au crime. A dix-sept ans, Marchandon, le domes-

tique assassin, débute en commettant un vol dans le château de ses maîtres ; les preuves font défaut, l'impunité ne fait que l'enhardir ; les dix-sept jours de prévention qu'il a subis ne l'ont pas corrigé, et, à peine est-il sorti de prison, qu'il vole dans une autre maison : cette fois il est condamné à trois mois de prison et plus tard à treize mois pour un autre vol encore plus important.

« Les quatre jeunes gens, dont l'aîné avait vingt ans, qui se présentent en plein jour chez Mme Balle-rich, se précipitent sur elle au moment où elle ouvre la porte, l'étranglent et la frappent de coups de couteau, avaient tous été condamnés, et le fils de la victime, commissaire de police à Paris, leur disait avec raison en les montrant du doigt :

« Vous êtes tous des misérables ! je ne sais pas ce que je ferais si le respect de la justice ne me retenait pas, mais votre heure viendra, soyez-en sûrs ; toi, tu es un petit gredin, je te connais bien, je t'ai déjà envoyé au Dépôt, car tu as pris part une fois à une agression nocturne ; toi, tu es un gouapeur du quartier ; et toi, je t'ai vu dans quelque mauvais endroit. »

« Mais à quoi bon des citations, alors qu'il s'agit d'une loi générale dont la démonstration se trouve dans tous les dossiers.

« Quant à ceux dont le casier judiciaire, jusque-là intact, semblerait contredire l'idée d'une perversité progressive, on les voit comme les autres s'acheminant plus ou moins rapidement vers l'apogée du mal ; ils commencent par être des libertins, des paresseux, des égoïstes, des esprits forts ; ils perdent le respect de toutes choses, s'affranchissent de toute contrainte, repoussent toutes les croyances gênantes, et se laissent aller au gré de leurs passions.

« Voici deux criminels d'une trentaine d'années, Blin et Beghen, dont l'abbé Moreau a beaucoup parlé dans son livre sur la Roquette, l'un est Français et l'autre Belge ; il y a quelques années, un dimanche, pendant que les magasins du Palais-Royal sont fermés, ils s'introduisent dans la boutique d'un bijoutier, étranglent la domestique et se sauvent, les mains pleines de bijoux qu'ils vont vendre à Bruxelles ; ils n'avaient pas jusqu'alors de tare judiciaire, mais leur vie n'avait été qu'un enchaînement de mauvaises actions ; l'un mis en faillite dans les conditions les moins honorables, avait dû fuir son pays, s'était fait renvoyer de toutes ses places à la suite d'actes d'indélicatesse ; l'autre était un paresseux, un menteur, un débauché, ayant trahi tous ses devoirs, ruiné ses parents, abandonné sa femme ; il était mûr pour toutes les besognes mauvaises. L'exemple des deux jeunes assassins Lebiez et Barré n'est pas moins frappant ; ils n'ont pas d'antécédents judiciaires, mais ils mènent une vie de désordre et ont abandonné tous les principes qui auraient pu les soutenir.

« C'est Barré lui-même qui, dans l'un de ses interrogatoires, analyse très bien l'état moral de son complice. Il ne respectait rien, dit-il, il se moquait de mes scrupules ; j'en avais alors ; le bien comme le mal lui étaient indifférents, il maudissait sa famille, il parlait de sa mère dans les termes les plus injurieux, il ne croyait ni à Dieu, ni à rien. Lorsqu'un prêtre passait, il avait envie de l'insulter ; il avait dit, bien avant le crime, qu'il allait fonder un journal pour crosser la religion ; ses principes politiques me répugnaient ; le pillage, le massacre, les idées de la Commune, voilà ce qu'il approuvait.

« Et à cette question qui lui était posée : Le crime

que vous avez commis n'a pas été un événement subit et provoqué par des circonstances accidentelles, il a été le dénouement logique d'une suite de mauvaises actions et de la perversion lente de votre conscience. Il répond : C'est vrai, j'ai été entraîné progressivement, Quant à Lebiez, une personne qui l'avait beaucoup connu, le dépeignait ainsi : Il m'a paru que son éducation morale avait été fort négligée au lycée ; dépourvu des principes qui guident et qui soutiennent dans les difficultés de la vie, il supportait son dénument avec une sorte de fatalisme et un sourire amer ; il faisait sa lecture habituelle des journaux les plus avancés, et semblait ne considérer la vie que comme un temps de jouissance que les audacieux et les habiles, dont il se plaisait à citer l'exemple, aiment toujours à se procurer un peu plus tôt ou un peu plus tard.

« Le jour où le jeune garçon marchand de vin, Foulloy, surprend son patron dans sa cave et lui brise le crâne à coups de bouteille, pour le voler, il n'a paru devant aucun tribunal ; mais l'instruction établit qu'avant de venir à Paris, il a commis dans les fermes où il travaillait plusieurs petits vols pour lesquels on ne l'a pas poursuivi. Les gens de son pays qu'on entend, disent : Il est fin, il a des vices ; il était extrêmement malin pour se défendre, il était intelligent, il savait très bien arranger son affaire, lorsqu'il avait fait quelque chose il s'en tirait très adroitement. Plusieurs fois, dit l'un d'eux, je lui ai prédit qu'il finirait au bagne... Les jeunes gens de son âge le fuyaient, il aimait à lire de mauvais livres ; il se faisait envoyer de Paris les « *Brigands célèbres* » et manifestait toujours le désir de posséder de l'argent. »

« Citerai-je maintenant un homme de cinquante

ans, père de dix-sept enfants, séducteur de sa propre fille et que la cour d'assises condamna il y a quelques années pour infanticide et avortement ; aucune condamnation ne figurait à son casier judiciaire ; mais sa vie n'avait été qu'une longue suite de mauvaises actions ; il avait commencé par être un joueur, un homme de plaisir ; puis ses affaires ayant nécessairement mal tourné, il avait cherché des distractions dans les vices les plus honteux. C'était un homme d'une remarquable intelligence et d'une indomptable énergie, la débauche l'avait perdu et en avait fait un farouche sectaire. A des témoins qui lui rappelaient que pendant la Commune il se faisait remarquer par sa violence, voulant faire sauter Paris, criant dans les rues : « Tant qu'on aura des curés, on sera toujours perdu », il répondait en relevant la tête : « J'ai été le premier à ouvrir le feu, et je me suis battu le dernier. »

APPENDICE II

ENSEIGNEMENT DE L'ANTHROPOLOGIE CRIMINELLE

ET SURTOUT

DE LA SCIENCE PÉNITENTIAIRE DANS LES PRISONS

1. A première vue, on dirait qu'il est superflu de vouloir démontrer l'utilité d'un enseignement de la science pénitentiaire.

Puisqu'il s'agit de connaissances qui peuvent décider du sort de milliers et de milliers d'individus et, ce qui est plus important encore, de connaissances auxquelles la sécurité de toute la société est intéressée, il est bien naturel d'admettre que ce doit être un grand avantage de fixer des règles pour tous ceux qui embrassent la carrière pénitentiaire et poursuivent le noble but du relèvement moral des criminels. Jusqu'à ce jour, nous avons marché dans ce domaine en tâtonnant et sans recourir aux sciences et moins encore à l'enseignement universitaire.

C'est une loi générale, d'ailleurs, que les théories, la didactique, sont précédées d'une action plus ou moins tâtonnante et informe. Les mots résonnèrent bien avant que la grammaire les recueillît et fixât les règles du langage, et des centaines de siècles s'écoulèrent avant que le griffonnage graphique fût remplacé par les lettres de l'alphabet et ensuite par les règles de la peinture. Pendant bien des années on fit la guerre, le commerce, avant de connaître l'arithmétique, l'économie politique, la balistique et la statistique.

Ce n'est guère qu'aujourd'hui que l'on commence réellement à enseigner l'histoire d'une manière scientifique, car, auparavant, ce qu'on enseignait était la chronique des événements.

Le droit pénal aussi, n'a pris une forme didactique que depuis peu d'années.

La matière des sciences pénitentiaire et carcéraire est plus compliquée et plus susceptible d'enseignement que toutes les autres ; et cependant elle en est dépourvue.

Si nous prenons d'abord en considération l'architecture des prisons, nous ne sommes pas encore arrivés à savoir comment on doit construire une cellule ou un atelier qui, tout en étant économique, ne nuise pas à la santé et permette au détenu d'y être occupé utilement, sans être exposé à la dépravation que le régime en commun des criminels entraîne après lui. Une pareille cellule et de pareils ateliers n'existent pas encore, et on ne sait pas à l'heure qu'il est comment on devrait modifier les constructions des maisons de correction, des prisons pour femmes et des maisons d'arrêt, dans lesquelles les prévenus innocents ou coupables passent une phase de transition.

Nous avons été ravis d'entendre louer les constructions et l'aménagement de certains pénitenciers allemands, russes, suédois. Nous n'en avons pas fait l'étude et la critique, et je dis cela pour les savants, car la connaissance de ces choses n'est pas du domaine du public. Mais si on connaît bien le côté matériel d'un établissement pénitentiaire, en connaît-on aussi bien le côté administratif et moral ? Nous nous faisons ici d'étranges illusions, comme jusqu'à présent nous nous en sommes fait sur le droit pénal. Nous tranchons les questions, à droite et à gauche, sans examiner les faits ; nous nous persuadons qu'un certain établissement est vraiment utile, parce que sa construction a une forme carrée ou allongée ou circulaire et qu'elle permet alors l'isolement des criminels et guérit radicalement ces derniers d'anomalies qui résultent de l'atavisme ou de lésions traumatiques ou de profondes déformations organiques.

A cela s'ajoute l'administration qui est très compliquée, surtout lorsque le travail est introduit dans les prisons et que, dans cette organisation, on veut s'affranchir de la coopération des entrepreneurs, toujours pernicieuse. Ensuite, on rencontre de grandes difficultés lorsqu'il s'agit de donner satisfaction à des besoins de récréations intellectuelles, en autorisant les entrevues de prisonniers avec des personnes distinguées, en admettant les détenus à l'usage des livres de la bibliothèque, en organisant l'instruction religieuse, de manière à ce que cette dernière ne conduise ni à la monomanie religieuse, ni à l'athéisme ni à l'intolérance.

Nous ne croyons pas qu'on puisse prévoir et pourvoir à tout cela au moyen de quelques articles d'un aride règlement, ni même résoudre ces problèmes avec une série de tableaux statistiques qu'il est facile d'arranger à sa manière, sans qu'ils aient le moindre rapport avec la réalité.

Toutes ces questions ne peuvent être élucidées que par une étude détaillée, profonde, en partie théorique et en partie pratique, qui cherchera à s'émanciper de l'apriorisme qui s'est faufilé dans la pratique carcéraire et y a fait commettre bien des fautes. Rappelons à cet égard les illusions qu'on se faisait tout récemment à ce propos. Je n'ai pas besoin de les énumérer, il suffit de citer les ouvrages de MM. Beltrani-Scalia et Prins [1].

L'échec auquel nous assistons résulte d'un excès de généralisation ; sous prétexte de supprimer l'arbitraire, on a supprimé le mouvement et la vie. Quand même les tribunaux d'Europe continueraient à laisser tomber les condamnations sur les misérables, comme un robinet laisse tomber l'eau goutte à goutte sur le sol, encore rien ne serait-il changé : les condamnations s'enfoncent dans les masses comme les gouttes d'eau

____

(1) Voir Prins, *De la libération conditionnelle en Belgique*, 1888.

dans le sable. Croire que l'on transformera ce mal des prisons, est une énorme illusion. Croire que l'on y réussira par un séjour rapide dans une prison est une absurdité. La prison, plus que toute autre peine, demande à être appliquée avec discernement. En la prodiguant à tort et à travers à tous ceux qui défilent devant un tribunal, on en émousse l'effet, on en détruit la portée, et on sape par la base le système pénitentiaire d'autant plus sûrement qu'il est presque impossible de fournir du travail aux détenus de quelques jours, et que la peine devient ainsi une excitation à la paresse. »

2. Mais il y a une étude plus importante encore, car elle intéresse l'administration carcéraire et l'administration pénale : je veux parler de l'étude de l'homme criminel. On croyait dans les temps anciens que l'on pouvait étudier la maladie au lieu du malade, le crime et non le criminel.

Il est inutile de dire combien cela a été nuisible, car le même crime peut être commis par passion, dans un accès de délire, par suite d'un vice inné, et selon les cas, il faut des peines spéciales. La lutte inutile, et ce qui est pis, inutilement coûteuse qu'on a soutenue jusqu'à présent contre le crime, dont la récidive va toujours en augmentant, sert à démontrer l'effet de nos erreurs.

Même, abstraction faite de cette faute, la nécessité de l'étude du criminel s'impose en obéissance aux vieilles maximes des sciences carcéraires. Je fais allusion ici aux observations si intéressantes, faites à Zwickau, d'après lesquelles on doit traiter les criminels individuellement, et modifier le traitement suivant le caractère personnel, si l'on veut obtenir un résultat quelque peu satisfaisant. Comment pourra-t-on donc pratiquer la libération conditionnelle, administrer avec succès une maison de correction, sans étudier individuellement le crime ?

Et comment fera-t-on une étude individuelle si l'on n'organise pas des enseignements spéciaux sur les criminels ?

C'est grâce à l'absence de cet enseignement que les juristes et la plus grande partie des employés carcéraires envisagent les criminels comme des hommes tout à fait normaux qui sont frappés d'un sort malheureux, des conscrits qui, dans la conscription de malheur, au lieu de tirer un bon numéro, ont tiré un mandat d'emprisonnement.

Il est naturel qu'avec de telles erreurs fondamentales, on doive se tromper dans toutes les mesures prises contre les criminels, et qu'on en soit arrivé à un tel point que dans tous les pays, l'Angleterre et l'Amérique du Nord exceptées, les gens honnêtes ont plus à souffrir des frais de détention des coupables que de leurs méfaits.

3. Ces recherches doivent, naturellement, être pratiquées sur les lieux.

Tout le mécanisme de la cellule, tous les rouages du service qui doivent rendre efficace une maison de correction, l'organisation des travaux qui doivent alléger les charges de l'Etat sans nuire à l'isolement et à l'amendement des criminels, ne peuvent être mis en pratique si l'on n'est pas en contact avec les faits.

Aussi est-il impossible d'étudier l'homme criminel sans le voir, et même de bien près, ce qui n'est pas difficile. C'est à tous ces mensonges juridiques dont l'Europe s'est imbue jusqu'ici, qu'il faut attribuer cette légende que l'accusé ne reçoit pas volontiers des visites et ne se soumet pas docilement à un examen anthropométrique, surtout lorsqu'il est question de criminels communs.

Par amour de la science et de la pratique médicale, nous laissons percuter des centaines de phtisiques dans les hôpitaux, examiner des centaines de femmes enceintes par des jeunes gens, manipuler dans les cliniques chirurgicales des membres fracturés et palper le corps des individus des deux sexes ; et quoique les visites soient bien souvent fatales aux aliénés, nous laissons, sans difficulté, fréquenter les cliniques psychiatriques, pendant des mois entiers, par les étudiants en médecine ; et les difficultés commenceraient seulement pour les criminels ?

Comment expliquer cette manière d'envisager les choses à rebours et seulement pour ces personnes qui, certainement, sont bien moins délicates et moins intéressantes : les criminels ?

Si les égards que nous avons étaient sincères, nous aurions à prendre des mesures, non pas pour empêcher les études sur le condamné, mais bien plutôt pour défendre la publication dans les journaux, de notices beaucoup plus répandues, plus obscènes et plus calomnieuses, données sur les prévenus, avec leurs portraits, et nous devrions restreindre la publicité des cours d'assises que, par suite d'un autre mensonge juridique conventionnel, on considère comme sauvegarde des honnêtes gens, des accusés, des faibles, et, Dieu nous garde, de la liberté politique !

Un prévenu qui peut être le plus honnête homme du monde, on le laisse traîner dans la presse avec ses nom et prénoms, on permet que son portrait, sa biographie courent dans tous les journaux, et après cela on jette les hauts cris si quelque savant, devant des collègues, veut étudier la physionomie non pas d'un prévenu, mais d'un vrai criminel d'habitude !

Un examen semblable, fait avec calme par des personnes sérieuses, ne donne presque jamais lieu à des inconvénients et ne trouble pas la discipline. Il suffit qu'on sache que pendant quatorze années j'ai pu conduire une centaine d'étudiants dans les prisons de Pavie et de Turin, sans qu'une seule fois la presse s'en soit doutée et sans qu'aucun des prisonniers, quoiqu'il en eût le droit, se soit refusé à l'examen. D'autre part, il est bien entendu qu'on ne doit pas étudier les premiers venus, et bien moins les prévenus, s'ils ne sont pas en état de récidive, à moins qu'ils ne soient, au moment de l'examen, sous le coup d'une accusation grave.

On doit aussi exclure les prisonniers qui se refusent a se laisser examiner et qui ont commis des crimes qui ne dénotent pas la perte du sens moral, comme les faillis, par exemple, certains faussaires, etc.

On ne doit étudier que les criminels-nés. D'autre part, les autres criminels ne diffèrent pas beaucoup des autres hommes et n'ont pas besoin de soins spéciaux. On doit faire cette étude avec le tachi-anthropomètre d'Anfosso, suivant les règles qui ont été fixées avec tant de finesse par Tamburini et Benelli[1] et que j'ai essayé de compléter, et aussi selon les règles fixées par Bertillon. Et comme beaucoup de criminels-nés ne sont pas véridiques, l'examen doit être précédé de l'étude de l'acte d'accusation. Ces entrevues et cet examen ne peuvent être dangereux pour les criminels ; au contraire, les résultats de ces études communiqués à ceux qui doivent décider de la détention et éventuellement de la libération conditionnelle des individus, pourront servir beaucoup mieux que les démarches et instances des députés et les informations bureaucratiques qui en sont généralement la règle ; et cela d'autant plus que ces entrevues pourraient corriger les oisivetés dangereuses de la cellule, et bien des fois prévenir les erreurs de

____

(1) *Actes du Congrès d'anthropologie criminelle.* Rome, 1888.

la justice humaine ou aider à les réparer, comme dans le cas de Rossi[1], où un condamné à vie, pour vol de grand chemin, fut reconnu à l'examen anthropométrique et à l'examen psychologique pour être un honnête homme calomnié.

Cette étude nous donnerait aussi un nouveau moyen pour introduire, dans l'enseignement des connaissances carcéraires, l'examen de l'homme criminel. Mais si les préjugés et les mensonges conventionnels qui dominent encore empêchaient l'étude de l'homme criminel en prison, rien n'empêcherait d'étudier les criminels libres, en grand nombre dans le monde, et qu'on peut très facilement rencontrer sur la voie publique. Aussi, quant à moi, depuis six ans, je ne fais mes études que sur ceux-ci.

Le seul inconvénient qui pourrait se présenter, lorsque les étudiants pénètrent dans les prisons, ce serait que des accusés innocents et honnêtes y soient aperçus contre leur volonté.

Il est vrai que, malgré tout, ils pourront être vus au tribunal ; néanmoins on devrait l'éviter, en donnant un masque à tous ceux qui le désirent, en faisant pénétrer directement les étudiants dans l'école de la prison et en n'y appelant que les individus qui voudraient bien se laisser examiner.

Quant aux maisons de correction pour jeunes délinquants, la question est encore plus délicate et plus

____

(1) *Centuria dei criminali*, 1888, I, etc.

compliquée. Je crois que l'examen ne doit être fait qu'avec le concours des maîtres et des directeurs spirituels et sur les meilleurs élèves, en représentant la visite comme une distinction, et en n'examinant jamais que les jeunes gens dont l'entrée a été provoquée par un délit, car autrement on pourrait souvent pervertir des enfants honnêtes et malheureux.

Il serait, d'autre part, très avantageux de faire une étude approfondie sur le revers de la médaille et d'étendre ces recherches dans les écoles publiques, ce que Marro et Lombroso ont déjà fait en examinant, comme punition, les élèves plus incorrigibles, comme premier pas vers l'internement dans une maison d'éducation correctionnelle.

Un inspecteur des écoles de l'Italie, de grand talent, M. Ruffini, qui a vu combien ces recherches seraient utiles, a déjà fait une espèce d'apostolat dans le but d'obtenir qu'on prenne note, dans le livret de l'école, des anomalies morales des enfants, anomalies qui, lorsqu'elles persistent pendant plusieurs années, peuvent être considérées comme de graves indices, et demanderaient des mesures préventives pour empêcher que l'enfant ne contracte définitivement des penchants vicieux.

Et voilà comment des recherches didactiques pourraient contribuer à la protection de la société.

Pour ce qui regarde les femmes, ces recherches ne sont pas aussi nécessaires, car la criminalité est bien moins répandue parmi elles. Ces recherches devraient se borner aux prostituées criminelles qui, ayant été en contact avec le monde et plus qu'il ne faudrait, ne seront pas, par cet examen, blessées dans leur amour-propre, et dont la pudeur ou la timidité ne subirait aucune atteinte.

Le cours d'instruction devrait comprendre :

a).Une partie théorique sur les lois, ordonnances et règlements carcéraires, sur les types de cellules, le mobilier, etc. ;

b). Une étude de la statistique criminelle, théories pénales, libération conditionnelle, patronage, etc. ;

c). Des études d'anthropologie criminelle et de psychiatrie sur les criminels ;

d). Une autre partie toute pratique consisterait en un examen direct des lieux de détention, des cellules, etc., sous les yeux des directeurs, des sous-directeurs et des professeurs.

Un registre en double copie, dans lequel le résultat de ces études et de ces visites serait inséré, devrait être consulté par la commission pour la liberté conditionnelle et par la commission de surveillance des prisons.

TABLE DES MATIÈRES

ÉVREUX, IMPRIMERIE DE CHARLES HÉRISSEY

BIBLIOTHEQUE NATIONALE

SERVICE DES NOUVEAUX SUPPORTS

58, rue de Richelieu, 75084 PARIS CEDEX 02 Téléphone 266 62 62

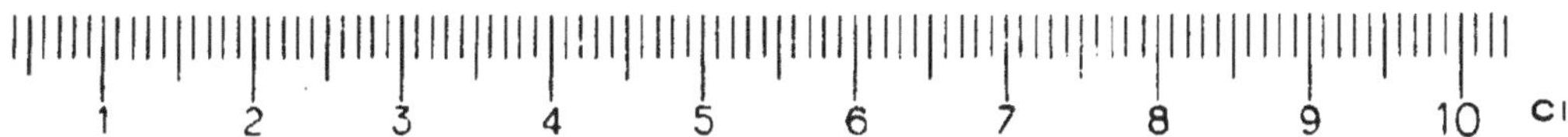

Achevé de micrographier le : 14 / 06 / 1977

Défauts constatés sur le document original

9 782013 570763